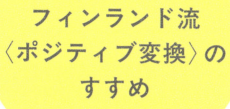

フィンランド流〈ポジティブ変換〉のすすめ

女性のエンパワーメントのために

for Women's Empowerment

アンナ＝マリア・ウィルヤネン

迫村裕子監訳　岩井さやか訳

国書刊行会

フィンランド流〈ポジティブ変換〉のすすめ

女性のエンパワーメントのために

目次

Contents

Chapter Ⅲ

Contents

Chapter Ⅳ

Contents

Contents

はじめに　〝世界一ハッピーな国〟からのアドバイス

私はアンナ＝マリア・ウィルヤネン。２０２４年12月末まで東京にあるフィンランドセンターで所長を務めていました。２０１７年末に来日しましたから、丸々７年間を日本で暮らしたことになります。

私の祖国フィンランドは、〝世界一ハッピーな国〟と呼ばれています。毎年世界幸福デー（3月20日）に合わせて発表される〈世界幸福度ランキング〉で、7年連続（２０２４年現在）でトップに選ばれているからです。

このランキングは、「自分は今の生活にどれくらい満足しているか」という主観的な生活評価（0から10の11段階で答える、各国１０００人に調査）をもとに算出され、ＧＤＰ（国内総生産）・社会的支援・健康寿命・人生の自由度・他者への寛容さ・国への信頼度などの指標で客観的な説明がなされます。２０２４年度のフィンランドの幸福度スコアは10点満点中７・

741点でした。

フィンランドという小さな北の国が、幸福度を高く評価されるだけでなく、その状態を維持できているのはなぜだろう。多くの人が関心をもち、その要因を世界中が分析しています。

では、当のフィンランド人に尋ねてみましょう。

「世界一ハッピーな国で暮らすのって、どんな感じ？ やっぱり、『ハッピーだなあ』って感じる？」

きっと、こう答えると思います。

「そうだね。でもさ、そもそも、なぜフィンランドは世界一ハッピーな国になったんだろう。だって、ほんの100年かそこら前までは、けっこう貧しい国だったんだよ」

フィンランド人も不思議に思っているその理由を、私はこう考えています。

フィンランドを世界一ハッピーな国にしている理由、それは、ジェンダー平等の社会をしっかりと築いているからではないでしょうか。

フィンランドは人口550万人の小国で、マンパワーに乏しいといえます。しかし、ジェンダーの壁をなくし、女性が男性と平等に活躍する社会を築くことで、客観的にも主観的にもハッピーな国になっている、私はそう考えています。

フィンランドは2024年、グローバルジェンダーギャップ指数（国ごとのジェンダーギャップを表す指数。0が全くの不平等で、1が完全なる平等。世界経済フォーラムが毎年算出している）が0・875で、世界第2位でした（1位はアイスランド）。ジェンダー平等社会の実現に関しては、フィンランドはきわめて成功しているといえるでしょう。

その成功要因は、女性のエンパワーメントが進んでいるからです。

女性のエンパワーメントとハッピーな社会

エンパワーメントとは何か。詳しい定義は後の章で述べますが、ここではとりあえず、「人（ここでは女性）が本来持つ能力を発揮できるようにする取り組み」と、とらえておいてください。

フィンランドで女性のエンパワーメントが進んだのは、かつてこの国が多くの困難をかかえていたからです。

18世紀以前のフィンランドは、産業に乏しいために経済的に貧しく、また地政学的に他国との紛争や戦争にまきこまれやすい位置にありました。フィンランド人がみずからの生計を維持し、自国の自治を守るには、男女の性差に関係なく、国民全員が力を発揮しなければなりませんでした。

女性が力を発揮するには、「女性自身の能力向上」と「社会のしくみの改善」、この両輪が不可欠でした。その二つに地道に取り組んでいった結果、女性のエンパワーメントが進み、ジェンダーギャップが少ない現在につながったのです。

——と、それだけなら、他国でも、同じような変化が多かれ少なかれ起きているに違いありません。フィンランドが特別なのは、「女性のエンパワーメントが進んだ先には、社会の幸福がある」ということを、実証しているところなのです（なにしろ「世界一ハッピー」なのですから）。

女性のエンパワーメントが進んだ結果、フィンランドの女性たちは人生を自分の意志どおりに選ぶ力を身につけました。だから、みながこう思っています。

「望めばいつだって、自分の技能や知性を生かす仕事に就くことができる」

これには、どんな効果があるでしょう。

まず、女性本人が、精神面と経済面の両面でハッピーで安定した生活を送ることができるでしょう。それは、周りの人をもハッピーにすることにつながります。もし結婚しているならハッピーな妻となり、その影響で夫もハッピーになるでしょうし、ハッピーな母親に育てられた子どももまたハッピーになるでしょう。

ハッピーな女性は、ポジティブです。その姿勢は周りの人たちにも広がり、知りあいの集まりにも、職場にも、住んでいる街や村にも、やがては国全体にも広がっていくでしょう。女性のエンパワーメントは、ハッピーの輪がどんどん広がっていくことにつながるのです。

そして、それが机上の空論ではなく、確かに、現実として、ハッピーになるという事実をデータで示したのが、〝世界一ハッピーな国〟フィンランドというわけです。

もちろんフィンランドでも、ジェンダー平等が完璧に実現されているというわけではありません。しかし、日本にはない重要な特徴がひとつあります。

それは、社会がジェンダー平等であることをフィンランド人が「ごくあたりまえなこと」としてとらえている、という点です。ジェンダー平等が人びとの意識に根づいているという事実は、優れた成功例といえるのではないでしょうか。

フィンランドの取り組みは、みなさんにさまざまな示唆を与えるはずです。他国で通用しないものももちろんありますが、日本でも実現可能なアプローチは確かにあります。その方法を、私は紹介したいと思います。

私がこの本を書いた理由

来日して1か月ほど経った頃でしょうか。私はある講演の依頼を受けました。

「女性のエンパワーメントやウェルビーイングについて、話してほしい」

そして日本にいる間ずっと、同じような依頼が絶えることがありませんでした。中学校や高校、女子大などの教育機関、図書館などの公共施設で話しましたし、科学や文化関連のイベントにも呼ばれました。企業の社内研修でレクチャーしたこともあります。私の話を聞いてくれた年齢層は、上は93歳、下は1歳にまたがります。

こうした講演を重ねるうちに、来場者から同じ言葉をかけられるようになりました。

「女性のエンパワーメントについて、書籍にはしないのですか」

それが、本書を書こうと思ったきっかけです。学術的な本ではなく、私の経験から集めた知見とアイディアをまとめたものにしようと思ったのは、多くのみなさんに読んでもらいたいからです。

本書では、フィンランド女性のエンパワーメントの歴史を、等身大の物語として語ろうと思っています。彼女たちは、多くの制約に向き合いながらも、満足のいく社会的キャリアを追求すると同時に、調和のとれた家族生活を送ろうとしました。理想の人生を最大限に楽しみたいと望み、行動を起こしたのです。その先駆者となった女性たちも、紹介するつもりです。女性の権利のために立ち上がり、それぞれの分野でパイオニアとなった人たちです。

また講演では、こんなリクエストも多くのかたからいただきました。

「あなた自身がフィンランドで経験したこと、あなたが人生でどんな選択をしてきたのか、本に書いてくれませんか」

そこで、私自身の物語も加えようと思います。私の家族にも強い女性たちがいます。彼女たちの人生とキャリアが、いかに私にインスピレーションを与え、勇気づけてくれたかをお伝えしたいと考えています。


そしてなにより、「男性と対等の権利を主張していいのだ」と日本の女性たちに伝え、行動を起こすように勇気づけたいと思っています。

夢を見ているだけではなく、行動を起こしましょう。行動こそが、変化をもたらす唯一の方法だからです。


この本を読み、そして、次の疑問への答えを考えてみてください。それが行動の第一歩です。

なぜ女性のエンパワーメントが大切なのか。

どうすれば、女性のエンパワーメントが進むのか。

どこから始めればいいのか。

そして、変化を起こしていきましょう。今日から、今この瞬間から、そして、あなたの手から。

よりよい明日のために。

Chapter I

ジェンダー平等社会と女性のエンパワーメント

――フィンランドと日本の違い

この章では、女性の社会的地位におけるフィンランドと日本の違いについて、述べようと思います。

もっとズバリ言ってしまえば、次のようなことを書きたいのです。

「なぜ日本の女性は、こうもパッとしない状況に置かれているのかしら」

誤解しないでください。「フィンランド女性の社会的地位は、完璧だ」と言っているわけではありません。ただ私たちフィンランド人はジェンダー平等の理想を追求してきたので、こんな質問を受けることはまずありません。

「女性ながらにフィンランドセンターの所長をなさっているのですか。ご家族は？」

来日して以降、私がしょっちゅう受けてきた質問です。いかにも「当然、結婚はされていないですよね」という含みがあり、私が結婚していて、20代になる子どもが二人いると知ると、今度は驚いた顔で聞いてくるのです。

「え、でもどうやって、所長の仕事と両立しているんですか？」

高いビジネス・キャリアを持ちながら、母としても妻としてもハッピーに暮らしているなんて、どうしてそんなことが可能なの？　フィンランドでは、それがあたりまえなの？

フィンランド人でない人たちには、こうした疑問がわいてくるのも当然かもしれません。

しかし私たちフィンランド人にとっては、「女性と男性は対等である」という概念は、祖父母の世代から受け継いでいて、いわばあたりまえのことなのです。ですから私も、日本でこういった質問を受けるまで、深く考えたことがありませんでした。あたりまえすぎて、今それについて書こうとすると、かえって難しく感じてしまいます。

そんなわけで私にとっても、本書は「あたりまえのこと」として見過ごしていたものを、きちんと見つめ直すきっかけになると思っています。

「なぜ女性のエンパワーメントが大切なのか」ということを。

エンパワーメントは世界の最優先課題

ではまず初めに、女性のエンパワーメントとは何なのか、その定義についてお話ししましょう。

ヨーロッパ男女共同参画研究所によれば、以下のとおりです。

「女性が、自分自身の人生に対する力とコントロールを獲得するためのプロセス。エンパワーメントによって、女性は人生で戦略的な選択ができる能力を獲得することになる」

ん？　――ちょっと待ってください。

自分で自分の人生をコントロールすることは、性別に関係なく、すべての人間の基本的な権利ではないでしょうか。

そうです。

そうあるべきです。

どの国や地域で暮らしていようと、男性も女性も、自分で自分の人生をコントロールするべきです。しかし、世界の多くの女性にとって、これが現実からかけ離れた理想論に聞こえるのもまた、事実です。

そこでまずは、なぜ女性のエンパワーメントを最優先すべきか、データで説明しようと思います。エンパワーメントは、理想論ではなく現実であるべきだと、そのデータは語っています。

ひとつめのデータは、経済に関するものです。

マッキンゼー・グローバル・インスティチュートの調査によれば、もし女性が男性と同じレベルで労働市場に参画したなら、2025年のGDP予測は25兆ドル伸びると試算しています。つまり、女性のエンパワーメントは世界経済に好影響をもたらすのであり、世界の発展にきわめて重要な要因となっているのです。

ちなみに、このデータを逆から見ると「ジェンダーの不平等を放置すれば、世界経済は打撃を受け続ける」ということも意味するのですが、多くの人はこの事実を見過ごしてしまっています。

もうひとつのデータは、精神面についてです。

もし女性が自分の人生をコントロールする力を持てないままだと、慢性的な不幸感を抱え、抑うつ症状に悩まされます。女性のエンパワーメントが進むか否かで、「ハッピーに生きるか」それとも「『自分はアンハッピーだ』と思いながら生きるか」が左右されるのです。

自分のことを「アンハッピーだ」と感じている女性は、仕事や人間関係に生きづらさを抱えます。こうした心理状態は家族や職場、友人にも広がり、負のループを生み出していくでしょう。

ちなみに2023年現在、世界には男性が40億8200万人、女性が40億800万人います。女性のエンパワーメントが進まなければ、40億800万人がアンハッピーになり、それに影響されて残りの40億8200万人もアンハッピーになっていくのです。

アメリカ合衆国の実業家で慈善家のメリンダ・フレンチ・ゲイツ（マイクロソフト創業者ビル・ゲイツの元妻）は、著書『The Moment of Lift: How Empowering Women Changes the World』（邦訳『いま、翔び立つとき　女性をエンパワーすれば世界が変わる』2019年・光文社）の中で、女性のエンパワーメントが進めば、すべてが連鎖反応でうまくいくようになると述べています。

女性のエンパワーメントが進めば、女性は自分で人生をコントロールする能力を持てるようになり、ハッピーで安定した人生を追求する機会が、男性と平等に与えられます。そうなれば、男性と女性はともに手を取りあい、自国の文化、社会、政治の発展に貢献するようになるでしょう。

「女性を高めることは、人類を高めること」

メリンダ・ゲイツが記すように、エンパワーメントされた女性たちが世界を変えていくのです。

ただし、女性のエンパワーメントが「社会に有益である」という観点はもちろん必要ですが、そもそも「ジェンダー平等は基本的人権である」という点は、常に心に留めておかなければなりません、そして、その基本的な権利が「多くの国で、女性には与えられていない」という事実も。

来日してわかった日本の現状

フィンランドセンターの所長として来日した7年前、私は憧れの国で仕事ができると、胸を高鳴らせていました。

これまでも日本を旅したことがあり、日本の文化の豊かさに魅了されていたからです。特に、日本画、浮世絵、寺社、和食、建築、そして日本語という言語にとても惹かれていました。また日本はテクノロジーやイノベーションといった分野で世界の先端をいっていますから、効率的なビジネス環境で、高い地位で活躍している女性たちと仕事をすることを、とても楽しみにしていました。

しかし来日してすぐに、日本におけるジェンダーの現状に気がつきました。最初に目についたのは、日常のほんとうに些細なできごとでした。レストランで料理や飲み物が、常に女性よりも男性が先にサーブされること、女性のためにドアを開けておいてくれる男性がほとんどいないこと、地下鉄で妻が夫に席をゆずり、自分は立っていること。こうしたできごとが、私にはショックでした。

これがほんとうの姿だったの？　これまでの私は、いったい何を見逃していたのかしら――。

日本のみなさんからすれば、「そんなの、ちょっとした文化・慣習の違いじゃないか」と感じるかもしれません。しかし、こうした些細な行動も、日常的に繰り返されることで「男性が優先されてあたりまえ」「女性を尊重しなくてもかまわない」という意識を反復学習させることにつながるのではないでしょうか。

以前に日本に来た時は、一旅行者としてその文化に感銘を受けるだけだったからこそ、実際に暮らしてみて、ジェンダーギャップを社会のさまざまなシーンでまのあたりにした私は、ほんとうに驚いたのです。

フィンランドと日本は、地理こそ遠く離れてはいますが、その国民性には多くの共通点があります。どちらも自然を愛し、ピュアでシンプルかつ高品質なデザインを愛していま す。サウナを愛しているところもそうですね。

しかしどうやら、ジェンダーに関する感覚だけは、共通していなかったようです。

フィンランドセンターの所長として働きはじめてみると、フィンランドと日本の違いをさらに実感することになりました。

日本では、意思決定をおこなう立場になれるかどうかに関して、男女間でとても大きな差があります。フィンランドでは多くの女性が代表的立場で活躍していますが、日本では組織の上に行くほど女性が少なくなるのです。

私にとって、これは挑むべき課題でした。そして、これこそが私の使命だと思ったのです。

フィンランド女性がいかにして社会的地位を獲得してきたか、その情報を日本のみなさんにも伝えたい。そうすれば、日本の女性のみなさんに、今より良い立場をめざそうという勇気を持ってもらえるかもしれない。

ジェンダー平等とハッピーな社会という大きな目標に向かって、少しずつであってもものごとを改善していく、――そのためのお手伝いをしたいと考えたのです。

医学部の女性差別入試

女性のエンパワーメントは世界的にホットな政治的課題であり、国際的研究の対象にもなっています。特に日本では多くの出版物、テレビ番組、講座、研修旅行の題材とされており、大きな書店に行けば関連書籍がたくさん棚に並んでいます。にもかかわらず、日本では、女性のエンパワーメントがあまり進んでいません。

それが如実に表れているのが、先ほども少し触れましたが、企業社会における女性の立場です。データで、フィンランドと日本の違いをみてみましょう。

男女の人口比率を見ると、フィンランドも日本も男女ほぼ同数で、違いはありません。しかし管理職に占める女性の割合は、フィンランドの37・5％（2020年データ）に対し、日本は13・2％（2022年データ）とかなり低めです（ちなみに、ジェンダー平等の最低基準とされる目安は、女性40％です）。また就職率を見ると、フィンランドは女性の71・7％、男性は72・8％で、男女に差がありません（2021年データ）。対して日本では、職に就いている女性（15歳以上）は53・3％で、男性の71・4％より20ポイント近く低くなっています（2019年データ）。フルタイム労働者に絞ると、女性の就業者の割合はさらに低くなります。

賃金についていうと、OECDの調査によれば、日本女性の賃金は男性を100として77・5。OECD加盟国で3番目に低いものです（内閣府男女共同参画局ホームページによる。OECD加盟国の平均は88・4）。

社会で働く女性の割合は全体の45・0％で諸外国と差はありませんが、管理職に占める割合は12・9％（2024年男女共同参画白書による）、国会議員中に女性が占める割合も16％にとどまります。フィンランドでは国会議員の46％が女性です（ともに2024年データ）。

これらのデータが、グローバルジェンダーギャップ指数の低さに反映されています。

2024年、日本のグローバルジェンダーギャップ指数は0・663（1に近づくほど良い）で、順位は146か国中118位です。史上最低となった2023年（0・647、125位）よりは改善されましたが、ジェンダー平等の取り組みが大きく進んでいるとはいえません。

内訳は、教育到達度が0・993（72位）、健康と生存率が0・973（58位）と比較的健闘しているのに対し、政治参加に至ってはわずか0・118（113位）、経済参加も0・568（120位）にとどまっています。

ちなみにフィンランドの指数（2024年）は、教育到達度が1・0（1位）（1・0は33か国あり、みな1位）、健康と生存率が0・970（70位）、政治参加が0・734（3位）、経済参加が0・796（10位）です。

こういったデータ以外に、日本で知り合った女性のみなさんから聞いた話も、フィンランドとはずいぶん違っていました。そのなかには、ジェンダー平等があたりまえなフィンランド人の私にとっては、耳を疑う内容のものもありました。

たとえば、学校での優先順位がそうです。その女性は「40年ほど前のことで、今は違うかもしれない」と断りを入れつつ話してくれましたが、学校で健診を受ける時は常に男子が先だったというのです。卒業式で名前を呼びあげられる時も同じで、まず男子が五十音順で呼ばれ、それが終わってようやく女子の番が来たというのです（日本でも変更の動向あり）。

これにはほんとうに驚きました。フィンランドでは、男女で優先順位に差を付けるのは法律違反に問われるのですから。

しかし、私が最も衝撃を受けたのは、医科大学入試における女性差別のニュースでした

（2018年）。東京医科大学ほか10大学で、医学部入試の際に女子受験者の得点を一律で減点していたというものです。「女子は医者に向かない」というのがその理由だったそうです。これこそ、日本のジェンダー差別の実態を示すできごとといえるでしょう。

なお、不正入試が発覚したのち、文科省が入試での差別を禁止する具体的なルールを設けたところ、21年度の国公立大学の医学部入試では、女性の平均合格率は13・60％となり、男性の13・51％を上回って、男女の合格率が逆転したそうです（2022年7月・読売新聞）。平等に扱われれば、女性は男性と対等かそれ以上の能力を発揮しうるのです。

差別入試といったジェンダー・スキャンダルは、優秀な若者を海外に流出させることになりかねませんし、海外の優秀な人材を逃してしまうことにもつながります。

高齢化が進む日本は、海外から労働力を誘致することを考えざるを得ない状態です。海外の人材をできる限りひきつけなくてはならないのに、あからさまなジェンダー差別があっては、日本の評判は損なわれてしまいます。そうなれば、人材だけでなく海外からの投資も追いやり、結果的に経済の停滞をもまねくことになるのです。

日本女性はこの状況をどうとらえているか

ほんとうになぜ日本では、女性の立場も、ジェンダー平等も、こんなにも暗い状況にあるんだろう。

そう感じた私ですが、それはフィンランド人である私から見た評価にすぎません。当事者である日本の女性たちはこの状況をどうとらえているのでしょうか。

そこで、簡単なアンケート調査をおこないました。日本女性6400万人全員に実施したいところでしたが、さすがに難しいので、知りあう機会を得た女性のかたがたに頼みました。

質問は、以下の五つです。

（1）今日の日本の女性のエンパワーメントについて、どう感じていますか。うまくいっていることとそうでないことを教えてください。

（2）エンパワーメントの主な障害になっているのは、なんでしょうか。

（3）日本の女性にとって、どのような環境が理想的だと思いますか。

（4）あなたのロールモデルは誰ですか。なぜその人を選んだかも教えてください。

（5）どうすれば環境を改善できるかについて、どんなアドバイスをしますか。

回答は無記名でかまわないとしましたが、名前を公開してもよいとおっしゃってくださったかたもいました。そのおひとりが、坂東眞理子さんです。

坂東さんは昭和女子大学の総長〔2024年現在〕で、私を大学に招き、女性のエンパワーメントについて学生に話す機会を作ってくださいました。彼女は内閣府男女共同参画局の初代局長や農山漁村女性・生活活動支援協会の会長を務めるなど、女性のエンパワーメントを日本社会のあらゆるレベルに導入しようと尽力されてきました。著書『女性の品格』（2006年・PHP）は、働く女性へのアドバイス書として、2007年度のベストセラー第1位（トーハン調べ）になりました。

もうひとり、匿名を希望されました（仮にIさんとします）が、ビジネスウーマンであり、作家であり、日本と海外で暮らした経験があるかたの回答も得られました。Iさんは、日本の社会制度にうとい私を気遣って、制度の内容なども回答に交えてくださいました。

一般女性6名も、協力してくださいました。全員60代で、日本社会の移り変わりを経験してきたみなさんです。

質問1の女性のエンパワーメントの現状についての回答をまとめると、「以前よりは改善されている点は評価できるが、まだまだ足りない部分が大きい」というものになりました。

坂東さんはこう答えています。

「日本の女性は人口の半分以上を占め、約6500万人いるので個人差は大きいが、教育と健康分野ではエンパワーが進んでいる。女性の大学進学率は上昇し、1990年代までは短大進学者が多かったが、今では四年制大学進学者が52％を超えている。平均寿命も87・1歳で男性より約3年長い。結婚についても強制されることはなくなり、様々なライフスタイルを選択できるようになっている。

しかし性別役割意識はまだ男女双方に強く、女性が家庭外の政治や経済面で活躍するのを妨げている」

Iさんも「15年前、私が息子を育てはじめた頃と比べて、状況は大きく改善している」「社会はいい方に向かっているなと感じる」としつつも、「男性と女性が対等に扱われているとは思わない」と記しています。

一般女性6名も、教育機会、職業選択の自由、女性が働きやすい制度が増えてきた点は評価しつつも、まだ不十分であり、家庭での女性の負担の大きさは変わっていないといった課題を挙げています。

これについては、日本政府がさまざまな施策を講じたことが、ある程度ではありますが成果をあげた、といえるかもしれません。関連記事がメディアから頻繁に出されますし、日本政府の男女共同参画局のウェブサイト〈https://www.gender.go.jp〉も以前よりは見やすくなりました。

そのサイトの文面を読む限りは政府が示すアクションは意欲的で、女性の力を「我が国最大の潜在力」ととらえ、最大限発揮できるようにすべきだと書かれています。女性が社会で積極的な役割を果たせば日本再興の要のひとつになるだろうと記しつつも、女性の力をいまだ生かしきれていないという現実を認めています。

しかし知り合った女性たちの声を聞くと、日本政府のように楽観的ではありません。それがなぜなのかを知るために、質問2では女性のエンパワーメントに立ちふさがる障害について尋ねました。

坂東さんはこう回答しています。

「性別役割分担意識である。女性の天職は出産、育児、介護、家事、という思い込みが消えないので、女性たちが男性と同じようにキャリアを追求し、社会で活躍するのを困難にしている。育児休業、保育所、保育のための短時間労働は整備されてきたが、介護はまだ社会的なサポートが十分ではない」

Iさんや一般女性も性別役割分担意識にふれ、その原因として家父長制度を挙げています。そのほか、社会制度（特に仕事と育児の両立をサポートする制度）の不備が挙げられています。

日本ではいま、ジェンダーギャップへの関心が高まり、女性の社会進出を阻む要因が活発に議論され始めており、私も日本の女性たちと会話を重ねてきましたが、その多くが

「社会的な障害を完全になくすのは難しいだろう」と述べています。

ある若い女性を、例にあげてみましょう。

彼女はまじめに仕事に取り組む努力家であるだけでなく、高い知性があり、アイディアにも満ちています。本来なら上司（雇い主）は今より責任ある仕事を任せ、より高いキャリアにつくステップを踏ませるのが普通でしょう。しかし数年経っても、彼女はアシスタント的な役割しか任されません。

いっこうにチャンスをもらえない状況に置かれたら、たいていの人がこう思うでしょう。「能力を認められず、キャリアアップのチャンスがないのなら、努力しても無駄だ」

彼女の状況を耳にしたら、女性の多くが社会でキャリアを積む意欲を失ってしまうに違いありません。ひとりの女性の能力が認められないことが、他の女性たちの意欲を妨げるかたちになるのです。

女性が社会でどのような立場に置かれどのような経験をしているかは、本人のクオリティ・オブ・ライフを左右するだけでなく、次世代を担う女子の教育にも影響します。知性や技能があっても女性にはチャンスが与えられないのなら、「女性に高い教育を与えても甲斐がない」と、親が考えてしまうかもしれません。

社会経済の視点からみても、質の高い労働力を維持するには、女性が社会で活躍できる環境が必要です。

ある調査によれば、日本は2030年には341万人超の労働力不足に陥るとされます(リクルートワークス研究所『未来予測2040 労働供給制約社会がやってくる』より)。出生率をみても、日本は2023年には1・20(厚生労働省は「少子化の進行は危機的」としています)で、就労人口の減少による人材不足が深刻になりつつあります。

この危機を回避するには、女性に労働力を担ってもらうと同時に、出産を望む女性が安心して出産できる状況を作り出さねばなりません。

それには、働く女性を支える社会制度の改善はもちろんのこと、女性が「もっと働きたい」という意欲を持てる社会になるのが、理想的ではないでしょうか。

さまざまなデータからそんな結論に至った私は、一方でこう思いました。

「でも、日本の女性たちは、どんな社会が理想的だと考えているんだろう」

それが質問3で、みなさんが考える理想の社会がどんなものかを尋ねた理由です。

坂東さんはこのような回答をくださいました。

「小学生高学年から女性たちが自信と自己肯定感をもって生きることができるような教育をおこなう。

できるだけ理工系の分野を勉強し、大学院まで学び専門職に就き、複数の子供を持つ。

経済的に自立できる収入を持ち、その収入で家事や育児や介護のサービスを購入したり、自分の目標を達成するために投資することができる」

日本女性が考える「人生のお手本」

日本女性にとっての理想的な社会と同時に、私は、女性たちがどんな人をロールモデル（手本）にしているかも知りたいと感じました。誰をロールモデルにするかで生き方が変わりますし、そもそも「ロールモデルを持つこと」自体が生き方を選択する際に大きな助けになると、私は思うからです。

回答には、さまざまな人が挙がりました。

広中和歌子／政治家、参議院議員4期、細川内閣期の環境庁長官（1993～94）

緒方貞子／国連難民高等弁務官（1991～2000）、JICA理事長・特別顧問（2003～19）などを歴任

山川菊栄／女性運動の理論的指導者、初代婦人少年局長（1947～51）、「婦人問題懇話会」創設者

アンゲラ・メルケル／政治家、ドイツ初の女性首相（2005～21）

元同僚／3人の子を育てながら、仕事と家庭との両立を図って工夫と苦労を重ねた。最

後は校長となり、職務を果たした
友人／常に好奇心旺盛で、前向きに人生を楽しんでいる
アンナ＝マリア所長／ジェンダー平等を具体的に示してくれる（わぁ、高評価をどうもありがとう！）

一方で、「仕事と子育てと家庭のバランスが取れている人こそがロールモデルだが、今のところそんな人は見つかっていない」という回答や、「ロールモデルはいない。自分の人生を生きているし、より自分を深めていきたい」という回答もありました。

最後に質問したのが「アドバイス」です。「自分ならどのようなアドバイスをするか」と、この状況を自分の問題として考えてもらえば、興味深い答えが返ってくるのではないかと思ったのです。

坂東さんは、女性たちへのアドバイスとして自著『女性の覚悟』（2022年・主婦の友社）を推薦しました。「女性たちが自分を見捨てず、自分の人生の責任者（オーナーシップ）として、お金や権力でなく、よき人生を追求して生きる覚悟が必要」と述べているそうです。

Iさんは、出産と子育てへのアドバイスをくださいました。「仕事が大切なら、子育てはくまなくアウトソースしていく」「子育てを優先するなら、（同僚に陰口をたたかれようと）

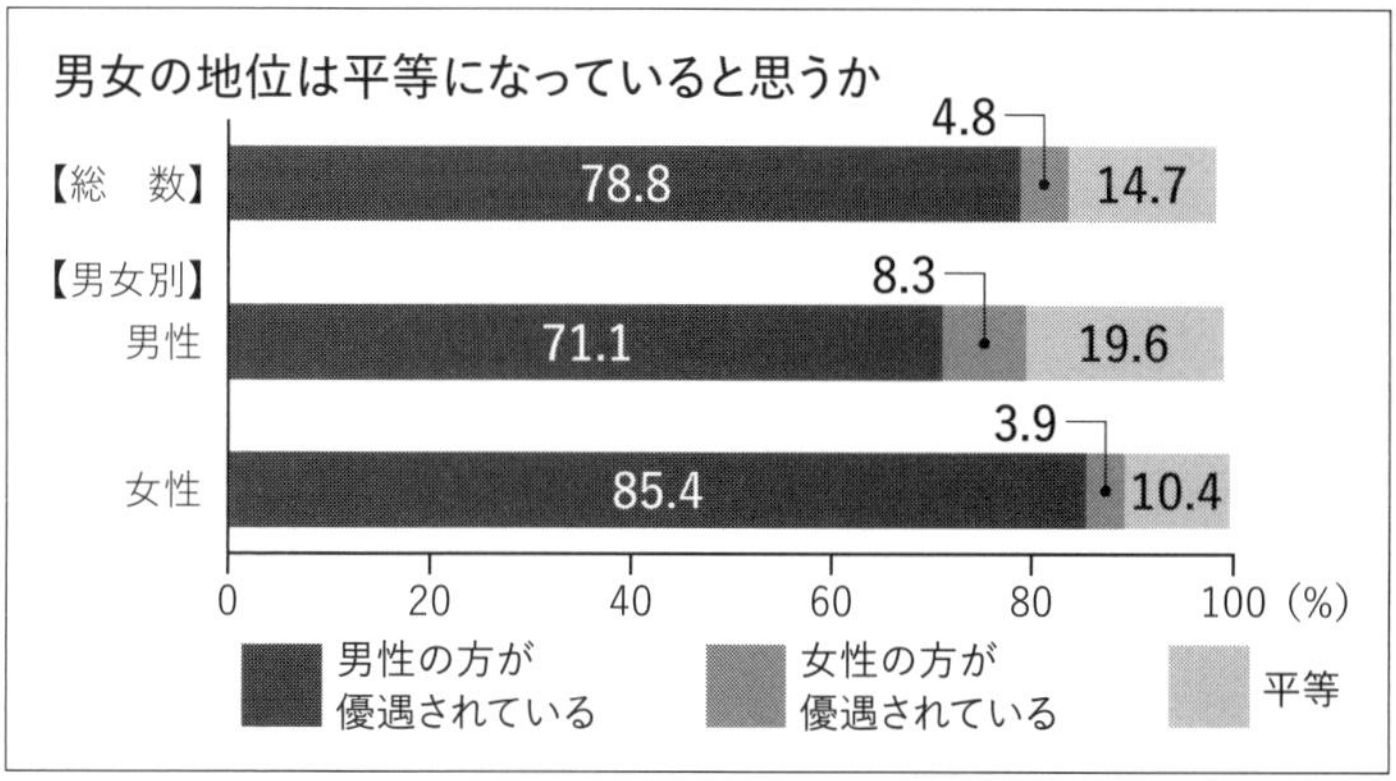

仕事の仕方をペースダウンすべき」と述べています。

一般女性からは、「一歩ずつでも前進」「消極的にならないで」「仲間づくりを」といった、地道であっても行動する大切さをアドバイスする声が寄せられました。

「あきらめなければ、少しずつでもきっと良くなる」（アンケートより）

数えきれない女性たちが、状況をより良くしようとがんばっているのだと、あらためて実感しました。

私の小さな調査だけでなく、ジェンダー平等社会の実現、働き方をいかに変えるべきかについては、多くの調査研究がおこなわれています。内閣府男女共同参画局も、「男女共同参画社会に関する世論調査」を実施しています（2022年5月・上図）。「男性の方が優遇されている」と全体の8割近くが感じているのも驚きですが、その感じ方に男女で大きな差があることにも興味を覚えました。これが、ジェンダーに対する問題意識の温度差につながっているのでしょう。

日本社会のジェンダー不平等に関しては、海外のメディアも取りあげてきていますが、そのトーンはおおむねネガティブで、こんな言い方は失礼かもしれませんが、日本の状況は「絶望的」あるいは「なすすべ無し」だと感じてしまいそうなものばかりです。

しかし、調査も報道も、いわば「これまでの日本」を反映したものです。大切なのは、「これからの日本」です。必要なのは、体系だったアクションを今すぐ取り、これからを変えていくことではないでしょうか。

世界最年少の首相サンナ・マリンの功績

私の周りには、制度の不備によって女性のエンパワーメントが遅れているという声が、多く寄せられています。制度の遅れは、立案の場つまり政治に携わる女性が少ないためかもしれません。そこで次に、フィンランドにおける女性の政治進出について紹介しようと思います。

政治に関しても、フィンランドの状況は日本より進んでいると思います。

第一に、政府の腐敗を疑うフィンランド人はほとんどいません。議員の平均年齢が47・

女性閣僚が多数を占めたサンナ・マリン内閣

3歳なので、いわゆる「老害」も起きていません。女性議員の数も多く、直近の国政選挙（2024年4月）では議員の92名が女性（男性議員は108名）となりました。

2019年から2023年までは首相を女性のサンナ・マリンが務め（女性首相はフィンランド史上3人目です）、組閣当時、閣僚19人のうち12人を女性が占めました。この内閣は5与党による連立政権でしたが、このうち3党は党首が女性で、閣僚として政権に参画しました。彼女たちは政治家であると同時に、妻であり、母でした。ジェンダー平等社会のフィンランドでは、これはごくあたりまえのことなのです。

女性が圧倒的に多い内閣は、世界のメディアで大々的に取りあげられました。一方で、若さからの経験不足も指摘され、国政を担えるかを疑問視する声も上がりました。2019年に首相に就任した時、マリンは34歳。世界で最も若い首相だったからです。

しかし結果として、こうした心配は無用だったのです。

就任早々、彼女はパンデミックという危機に直面します。感染を防ぐためのロックダウンをどうするかなど、ぎりぎりの決断が求められました。また、人びとの活動が制限されて世界経済が一気に冷えこみ、物資不足も生じるなかで、小国フィンランドが危機をどう乗り切っていくか、その舵取りもしなければなりませんでした。

マリン首相は国内で死亡者が確認されないうちから非常事態を宣言し、出入国を禁じ、公営施設を閉鎖しました。学校には早期にeラーニングに切り替えさせて教育の停滞を防ぐ一方で、ソーシャルワーカーの子どもを預かる教育機関にはこれまでの業務を継続させるなど、きめ細やかな対応をおこないました。

またフィンランドは冷戦時の1950年代から緊急備蓄の倉庫を秘密裡に維持し続けていたのですが、マリン首相はこれを開放しました。この結果、国内の医療物資不足を回避できたのです。

WHO（世界保健機関）事務局長テドロス・アダノム・ゲブレイェソスはマリン首相の対応を称賛し、アメリカの『タイム』誌は「2021年　次の100人」（今後の世界でさまざまな分野で影響を与える人〕に選出しました（２０２１年２月）。

２０２０年８月、フィンランド内で二度目の行動規制が施行された際のマリン首相は、さまざまなテレビ番組に出演するなど、24時間無休で働いているかのようでした。仕事の量も責任もどれほど重いものであったか想像にかたくなく、プライベートに時間を割く余裕などとてもなさそうでしたが、パンデミック危機の最中に、マリン首相はかねてから交際していた男性と結婚したことをＳＮＳで発表したのです。発表当時、二人の間にはすでに２歳の娘さんもいました〔首相退任後の23年５月に離婚を発表〕。

また、パンデミックという厳しい課題に直面する最中にも、自分は首相であると同時に一個の人間であり、母親であり妻であり、若い女性であるということを表現し続けました。友人と出かけたいしレストランにも行きたいのだ、若い女性としてプライベート・ライフを楽しみたいのだと、隠すことなく示したのです〔22年８月、マリンが友人らと飲酒しダンスに興じる動画がＳＮＳで拡散。批判の声に対し、擁護派が自身のダンス動画を投稿する運動が生じた〕。

責任の重い仕事をこなしながら、家庭を持ち、充実したプライベートを過ごすことができる――マリン首相はその生きた証でした。

素肌にジャケットで雑誌の誌面を飾る

またマリン首相は、自分がレインボーファミリー（夫婦が異性であることにこだわらず家庭を営んでいる家族。多彩な性ということでレインボーと名づけられている）の出身で、母親とその同性パートナーに育てられたことを隠していません。家族であることに変わりはないというスタンスです。

さらに彼女は、首相という肩書きに付された堅苦しいイメージをファッションで打ち破りました。素肌にネックレスとジャケットだけを身につけた彼女の写真が、フィンランドの雑誌『トレンディ』の誌面を飾ったのです。ジャケットの下にブラジャーを着けていないのは、見て明らかでした。

この写真は、国内で大きな物議をかもしました。「首相という立場を利用して、間違った印象を植えつけている」という声も聞かれました。

『トレンディ』誌に載ったサンナ・マリン首相

しかし私は、服装に対する固定観念を捨てて、彼女のこの行動の意味を考えてみたいと思います。

何らかのメッセージを伝えたい時、装うことでそれを表現してみせる力を、女性は持っています。その力をいかに使っていくかの議論を促すきっかけとして、マリン首相の行動はきわめて実際的なやり方だったと思います。

女性には好きな服装をする権利があり、服装で判断されたり評価されたりするべきではありません。装いに関する伝統的な常識に逆らってもかまわないはずですし、雇用者や地域コミュニティ、社会が期待するファッションに縛られる必要もないはずです。マリン首相は、それを伝えようとしたのではないでしょうか。

好きなものを身につけても、その女性の知性やプロフェッショナルとしての評価が損なわれはせず、むしろ名刺のように、その人のキャラクターやふるまいを代弁してくれます。それに加えて、気分もあがり自信がみなぎり、自尊心が強化されます。着るとポジティブになれるファッションを、よく「パワースーツ」と称しますが、それが実態を伴う言葉であることをマリン首相は証明しました。

彼女の服装は、きわめて戦略的に選ばれています。決意、安定、自信、新しい現代的なリーダーシップ、そして、決して揺らぐことのない意志と希望のメッセージを伝えています。政治の世界に新しい思考法、そして人間らしさをもたらしたのです。

マリン首相は就任期間を通じて、現実的なアプローチでものごとに対処しました。深刻な状況にあっても、それまでと違った新しく賢いやり方、つまり確実に伝わるやり方で重要なメッセージを届けました。「素肌にジャケット」もその一環だったのかもしれません。

一国の首相が、素肌に胸元の大きく開いたジャケットを身に着けて雑誌に登場したことで、多くの女性にメッセージが送られたのです。

「自分の直観を信じて、自信を持って、好きな恰好をしましょう」と。


マリン首相が直面した課題は、パンデミックだけではありませんでした。2022年2月に始まったロシアによるウクライナ軍事侵攻は、これまでにない困難をフィンランドに突きつけました。

そのひとつがエネルギー危機です。エネルギーの価格高騰はウクライナ侵攻前から懸念されていたのですが、軍事侵攻以降に価格は急騰し、フィンランドではこの厳しい冬をどう乗り切るかが緊急課題となりました。

もうひとつ、最もデリケートかつ重要な課題が、ロシアとの関係でした。

フィンランドはロシアと1300キロメートルにわたって国境を接しており、歴史的に、ロシアと西欧諸国の緩衝地帯としての役割を背負っていました。またロシアは長きにわたって、フィンランド経済の大きな取引先でもありました。

そこでフィンランド政府は、ロシアがソビエト連邦であった冷戦時代には、東西両陣営のどちらにも与しない立場をとりつつも、親ロシアの姿勢をとっていました。1991年のソビエト連邦崩壊後は、フィンランドはEUに加盟（1995年）して経済の中立化を図りながらも、ロシアとの関係を良好に保つよう努力してきました。

ロシアのウクライナ侵攻は、そういった国際情勢を大きく変えてしまいました。フィンランドは、自国の安全保障について再考を余儀なくされたのです。

2022年5月12日、ちょうど来日中だったマリン首相は、歴史的な発表をおこないました。

「NATO（北大西洋条約機構）への加盟を申請する」と。

NATOは1949年、旧ソビエト連邦の脅威に対抗して設立された軍事同盟で、「集団防衛」「危機管理」「協調的安全保障」の三つを中核的任務としています。国際関係において中立的立場でありたかったフィンランドは、マリン首相が宣言したその時まで、NATOからは距離を置いていたのです（ロシアのウクライナ侵攻後に、スウェーデンとフィンランドが

ＮＡＴＯに加盟。２０２４年現在、ＮＡＴＯ加盟国は32か国）。
フィンランドにとって、まさに歴史的な瞬間でした。

Chapter II

フィンランドはどのように成し遂げたか

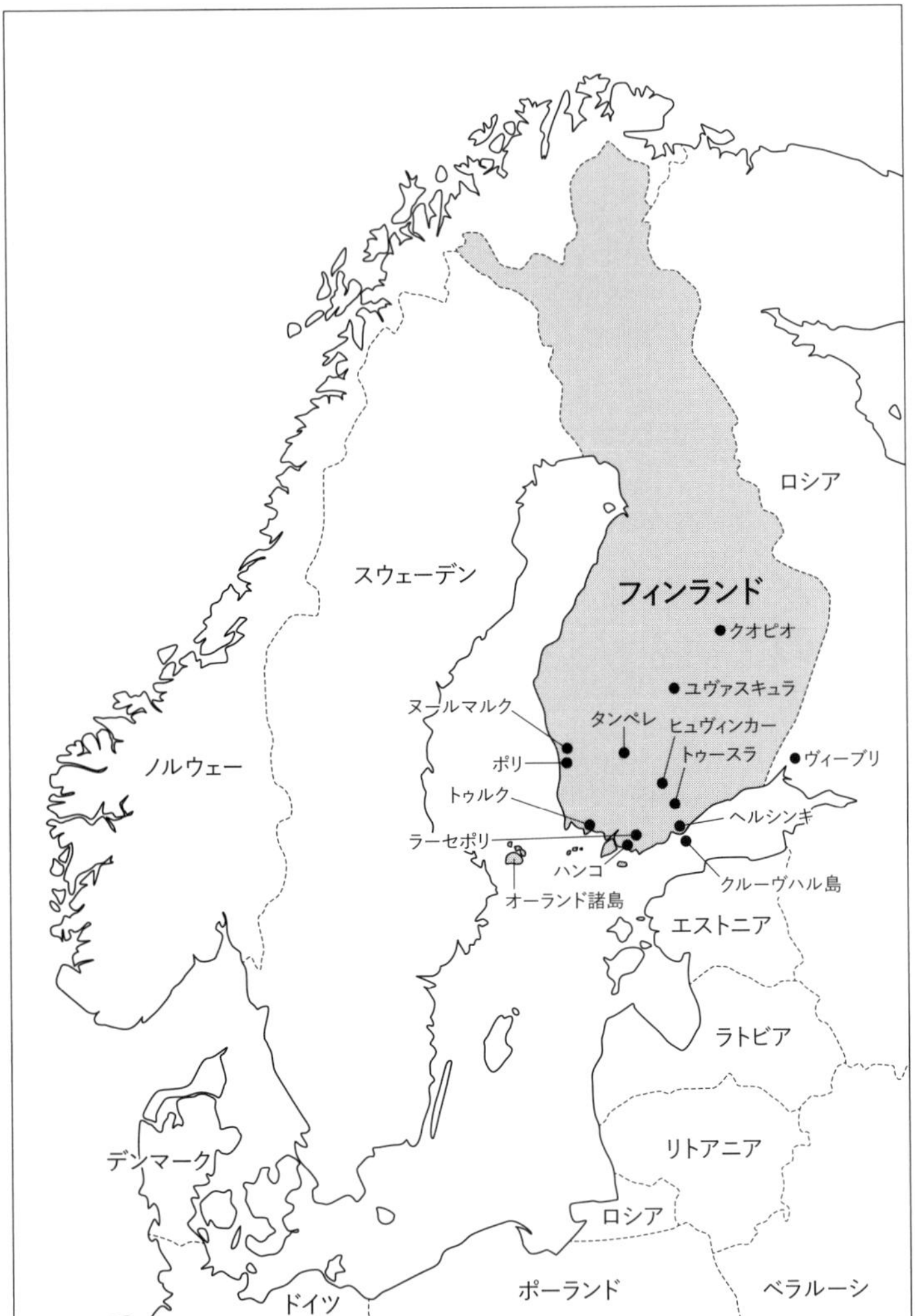
ロシア
スウェーデン
フィンランド
クオピオ
ユヴァスキュラ
ヌールマルク
タンペレ
ヒュヴィンカー
ポリ
トゥースラ
ヴィープリ
ノルウェー
トゥルク
ヘルシンキ
ラーセポリ
ハンコ
クルーヴハル島
オーランド諸島
エストニア
ラトビア
リトアニア
デンマーク
ロシア
ドイツ
ポーランド
ベラルーシ

フィンランドの歴史——大国の支配とナショナリズム

前章でみたように、フィンランドではジェンダー平等がトップレベルで実現されています。しかしもちろん、そこまでの道のりが平坦だったわけではありません。ジェンダー平等を求めて行動し続けた多くの女性たちが（時にはそれを助けた男性たちとともに）紡いだ歴史がありました。本章ではその歴史を概観します。

しかしその前に、その背景を日本のみなさんに理解していただくために、簡単にフィンランドの歴史をふりかえってみたいと思います。

帝政ロシアの自治領として

フィンランドは長くスウェーデン王国の一地方として直接統治下に置かれていましたが、1809年、ナポレオン戦争下の「フィンランド戦争」でスウェーデンが帝政ロシアに敗戦したことから、戦争の賠償としてロシアに割譲されました。その後1917年のロシア革命まで、帝国下のフィンランド大公国となっていました。

大公国時代のフィンランドは帝政ロシアの一部ではありましたが、自治領としてフィンランド独自の文化や制度がある程度認められていました。

ロシア正教ではなくプロテスタントのルター派の信仰が許され、スウェーデン語を公用語としていました。グスタフ朝（スウェーデンのホルシュタイン＝ゴットルプ王朝のうち、グスタフ3世とその息子グスタフ4世アドルフが統治した時代（1772～1809年）を指す）式の政府スタイルも認められ、独自の行政管轄権、中央政府、四つの州からなる下院を有していました。

帝国下にありながらもフィンランドの自治は発展していき、1848年には国家を表す言葉（フィンランド語で valtio（ヴァルティオ））が導入され、国歌「我らが大地（フィンランド語で Maamme（マーム））」が制定されました。1860年には、独自の通貨であるマルッカを使用できるようにもなりました。

このため、フィンランド人が自国を「属領ではなく、ひとつの国家である」とみなすのは、ごく自然なことだったのです。

芸術のナショナリズム

国家としての目覚めは、フィンランドの芸術の世界でも顕著になっていきます。19世紀中葉、フィンランド芸術に新しい時代が訪れようとしていました。

アクセリ・ガッレン=カッレラ《アイノの神話》1891年
（フィンランド国立アテネウム美術館蔵）

エリアス・リョンロートは、医師の仕事のかたわらフィンランドの地方部およびロシアのカレリア地方で伝承されていた口承文芸を採集し、編纂して世に出しました。それが英雄叙事詩『カレワラ』（1835〜49年刊）です。

『カレワラ』は、多くの画家に多大な影響を与えました。たとえばアクセリ・ガッレン＝カッレラは、『カレワラ』に登場する人物を描きました。彼の代表作《アイノの神話》三連画《トリプティク》（1891年）には、フィンランド人の考え方、忍耐強さと正義感、信条

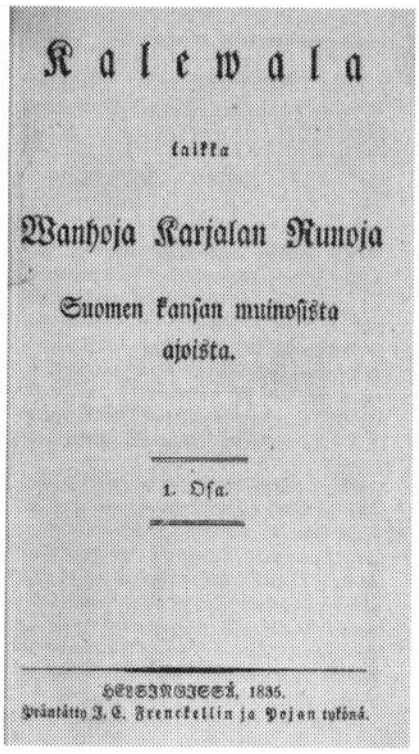

Kalewala

taikka

Wanhoja Karjalan Runoja

Suomen kansan muinosista ajoista.

1. Osa.

HELSINGISSÄ, 1835.
Präntätty J. C. Frenckellin ja Pojan tykönä.

『カレワラ』初版本

と愛が描かれています。

ナショナリズムを目覚めさせたのは、『カレワラ』だけではありません。

当時、フィンランドの画家たちの多くは、パリで学んでいました。パリは芸術の中心地であり、芸術家が研鑽を積み、そして自分たちの作品を世に知らしめるには、パリに滞在することが不可欠とされていました。

しかし「芸術の都」に滞在することで、画家たちはかえって故郷フィンランドの風景を輝かしく思うようになり、その自然や色彩への恋しさを募らせていきました。故郷の家のドアを開けば、描くべき題材にあふれているのに、なぜわざわざ外国に滞在しなければならないのか——そう自分自身に問うたのです。故郷の日常に目を向け、故郷で作品を作ることを望むようになった彼らは、パリを離れて故郷に帰りました。

1880年代から1910年までは、「フィンランド美術の黄金期」といわれています。この期間、アーティストたちは真実のフィンランドらしさを描くこと、つまりフィンランドの風景、人びと、暮らしぶりを描くことに力を注ぎました。無数のニュアンスの青色をたたえる何千もの湖、生い茂る森、そして丘といった風景は、たとえば画家エーロ・ヤルネフェルトの作品《ピエリスヤルヴィ湖畔の秋景色》（1899年）に描かれました。第3章で紹介するヘレン・シャルフベックもフィンランドの情景を描いています。

エーロ・ヤルネフェルト《ピエリスヤルヴィ湖畔の秋景色》1899年
（フィンランド国立アテネウム美術館蔵）

音楽の世界では、ジャン・シベリウスがいます（彼の妻アイノも第3章で紹介します）。彼は自邸の裏にある森を毎日散策したのですが、緑のこまやかな色あいを見ると、その濃淡が音色として聞こえてきたそうです。その音色によって、彼の作品の愛国的イメージはいっそう強められたのです。

１９００年のパリ万国博覧会も、フィンランド人のナショナリズム高揚のきっかけとなりました。この時建てられたフィンランド館は、非常に野心的かつ最大の傑作でした。設計したの

1900年パリ万博フィンランド館

は、著名な3人の建築家、エリエル・サーリネン、ヘルマン・ゲセリウス、アルマス・リンドグレンです。

フィンランド館は、フィンランドの文化、建築、美術、音楽、文学、そしてデザインを世界に広く知らしめようという壮大な試みであり、館内にはフィンランドの美術と手工芸が網羅されました。壁は著名な画家たちの作品で埋め尽くされ、アイリス工房で作られた陶器が飾られました（アイリス工房は1897年設立。陶器のほか、家具・染織・ガラス製品等を制作）。

そもそも、帝国の一部で自治領であるフィンランドが、こうして独自のパビリオンを持つことすら、常識では考えられないことでした。しかし、こうして国としてのアイデンティティを目に見える形で展示したことで、フィンランドは独立国家としてのイメージを世界に植えつけることができたのです。

普通選挙権の獲得

しかし、フィンランドのナショナリズムが決定的なものとなり、そして女性のエンパワーメントの大きな一歩となったのは、女性が参政権を獲得した年、1906年です。

それにしても、当時自治領にすぎなかったフィンランドが、なぜ国民に広く参政権を付与できたのでしょうか。実は、これには帝政ロシアの思惑がからんでいます。

参政権獲得の一年前の1905年9月、ロシアは日露戦争に敗れました。ロシア国内ではニコラス2世に反発する政治勢力が強まり、政情不安に陥っていました。政情不安はすぐフィンランドにも拡大し、1905年10月には大規模なストライキがおきました。

この混乱を治めるために、皇帝はフィンランドに普通選挙権を認める声明を出しました。「選挙で民主的に選ばれたフィンランド政府」という形をとれば、その後に出す政策の合法性を印象づけられると考えたのです。

フィンランド大公国では1863年から選挙に基づく国会が定期的に開かれていましたが、民主制には程遠いものでした。投票権は資産のある人に限定され、国民の8%しか投票できませんでした。

しかし1906年、選挙権と被選挙権の両方が、男性にも女性にも、等しく与えられることになりました。この改革は1906年6月1日に国会で可決され、翌1907年春、初の普通選挙が実施されることになりました。

女性が政治に参加する時代が、こうして訪れたのです。

フィンランドの女性史——行動とネットワークの100年間

ここでは、時間をもう一度さかのぼって、フィンランドにおける女性のエンパワーメントに焦点をあてて、歴史をふり返ります。

どのように始まり、過去100年の間にどう発展してきたのか。社会で対等な地位を確立するために、フィンランドの女性がいかに体系だった行動を起こしたのか。

彼女たちが粘り強い意志を持ち続けたその成果が、今日のフィンランド社会なのです。

男性後見人の手の中で

今から数百年前、スウェーデン王国統治下のフィンランドは農業国でした。めぼしい資源といえば材木しかなく、林業は領主や国家が管理していました。人口の9割を超える庶民は、農民として自給自足の暮らしをしていました。

農業は焼き畑が中心で、生活を維持するには広大な土地が必要でした。このため農家は離れて点在し、人手が足りない時も隣家に協力を頼めません。外部の人を雇って手伝って

小麦の収穫。ふだんは「内仕事」の女性たちも、収穫期は男性と同様に外で働いた

もらうことはありましたが、基本は家族労働です。天候に左右される生活は厳しいもので、男性も女性も、老いも若きも、家族全員で働かなくてはなりませんでした。そうしなければ、生き延びられなかったのです。

農家の仕事は、男仕事と女仕事に区分されていました。女性は住まいを整え、子どもたちの世話をし、家族の衣服を用意し、牛の乳を搾り、食事をあつらえました。一方、男性は畑を耕し、道具を手入れし、狩りに出かけました。

しかしいったん戦争がおこると、男性がやっていたことも、すべて女性がこなすことになりました。男性がみな戦場に赴いてしまったからです。

フィンランドはしばしば大国間の争いの火の粉をかぶり、戦いの場となりました。「古き怒り」の戦争（1495〜97年、モスクワ大公国の南フィンランド侵攻にスウェーデン王国が反撃、ハメやサヴォ地方が戦場となる）、「長き怒り」の戦争（1570〜95年、スウェーデン王国の北エストニア進出に帝政ロシアが対抗、フィンランド湾沿岸や国境地帯が戦場となる）、大北方戦争（1700〜21年、バルト海の覇権をめぐり、ロシア・デンマーク・ポーランド・ザクセンなどがスウェーデン王国と交戦、バルト海沿岸が戦場となる）は、そのうちの大きなものです。

自国以外の地へ、戦力として徴兵されることもしばしばでした。1618年にドイツで起こった宗教戦争も、そのひとつです。この戦争は「三十年戦争」と呼ばれていますが、その名のとおり、休戦状態をはさみながらではありますが、実に30年間も続いたのです。

男性と同じように働き、時には男性になりかわって働いているにもかかわらず、女性の権利は乏しいものでした。

フィンランドでは、スウェーデン統治下も帝政ロシア下も、常にスウェーデンの法律が適用されていました。その法律では、「女性は男性親族の後見のもとに暮らさなくてはならない」とされていました。父、夫、兄弟、伯叔父などが後見人とされ、女性には自己決定権がありませんでした。

女性がなんらかのかたちで自己決定権を手にしたいとしたら、その唯一の機会は未亡人になることでした。たとえば、自分の子どもの親権者となるのも、未亡人になって初めて認められたのです。再婚すれば、その権利はまた失われてしまいました。

不平等はそれだけではありません。

地方部においては、遺産相続の際、娘は息子の2分の1しか相続できませんでした。相続できる財産も、不動産の所有権は代々息子に受け継がれることがほとんどで、女性が相続できるのは穀物などの動産だけでした。ただし都市部では状況は恵まれていて、娘も息子と同じものを同じだけ相続できました。

働く場所を手に入れた女性たち

1800年代、世界で産業革命が進行すると、フィンランドでも産業化が進み、人びとが都市部に移り住むようになりました。工場では労働力が必要とされ、その大きな部分を女性が担うことになりました。

しかし、ひとつ問題がありました。前に述べたように、法律上女性には自己決定権がなく、工場で働く雇用契約にも男性後見人のサインが必要とされたのです。しかし女性の雇用が一般化すると、雇うたびに後見人の手をわずらわすのは非合理だということになり、独身女性に限っては、後見人の許可はなしくずしに不要となりました。

こうして女性の自立が一歩前進したのです。

若い独身の女性が工場（特に紡績工場）や商店、裕福な家庭の家政婦として、自力でお金を稼ぎ始めました。19世紀の終わりには職業の選択肢はさらに広がり、看護師や教師、郵便局員や銀行員といった職に就くようになりました。女性たちは、庭と畑という慣れ親しんだ場所から飛び出し、足場を大きく広げたのです。

既婚女性についても、1889年になると、自分で稼いだ所得は自分で管理できるようになりました（ただし雇用契約には、いまだ夫の許可が必要でした）。相続についても、1878年の法改正で男女平等の原則が保障されるようになりました。

女性が職業を選ぶ自由を得、自分でお金を稼ぎ管理できるようになったことで、経済的自立の獲得へとつながっていきました。

強まる権利確立の声

この時期になると、女性の権利の向上を求める活動も起き、運動組織がつくられるようになりました。最も古いものは、1884年にヘルシンキで設立された「Suomen Naisyhdistys ry（フィンランド女性協会）」です。

フィンランドの女性の権利確立運動に影響を与えたのが、イギリスの哲学者ジョン・スチュアート・ミルです。ミルは随筆『女性の隷従《れいじゅう》』（1869年）の中で、男女の法的・社会的平等を訴えました。

「一方の性を他方の性に法的に従属させること（…）はそれ自体間違っており、今や人間の改善に対する主要な妨げのひとつである」

ミルは女子の教育の重要性も説いており、フィンランドの女性運動に弾みをつける契機となりました。

フィンランド国内でも、女性の権利を強く主張し、女性の声の代弁者となった女性たちがあらわれました。当時のフィンランドはいまだ帝政ロシアの支配下にあるフィンランド大公国だったので、それはきわめて勇気のいることでした。

そのひとりが、ミンナ・カントです（第3章で彼女の人生を詳しく紹介します）。

ミンナは著作を通じて、女性の現状について、特に男女の不平等ゆえの劣悪な環境について、社会に訴えました。戯曲では、女性の地位、貧困、不公平といった社会の矛盾をするどく突きました。新聞にも、女性の地位、女子教育、アルコール、売春、社会的不平等、孤児院や刑務所の劣悪な状況などをテーマに記事を書きました。

また彼女は、貧しい人びとを助けるため、そして現在の社会的・文化的問題を議論でき

ミンナ・カント（1844–97）

る場を作るために、女性の協会を設立するよう奨励しました。

しかし、ミンナにとっての最重要テーマは、ジェンダーの平等でした。

ミンナは、結婚生活において妻は夫と対等であり、自由な関係を築く権利があるとし、女性たちに、夫の言いなりになって自分を犠牲にしないように語りかけました。以下のミンナの名言は、今の時代にも通用するものです。

「両性の関係が平等に基づいていないかぎり、愛は語ることができないし、法の支配は存在しないし、社会の真の意味での進歩もない」

ミンナはまた、「男性は妻を自由な人間として尊重しなければならず、家庭において支配下においてはならない」とも述べています。

ミンナの著作には、女性であろうと男性であろうと、人はその性質と性格に応じて自由に成長すべきであるというメッセージが込められています。このため、女子教育についても、「女子は教育を受け、さらには国際性を得るべきだ」と語り、精力的に取り組んでいます。
ミンナは故郷クオピオに居を移した1880年から、大学に進学しうる女子を育てる女子リセウム（高等学校）の構想を実行に移します。また、1886年にはフィンランド初の男女共学校（スオマライネン校、ヘルシンキ）が女性活動家ルキナ・ハグマンを校長として誕生しましたが、それを広く世間に知らしめる役割を果たしたのがミンナでした。1892年にはクオピオにも共学校が設立され、ミンナが副理事長に任命されました。

基礎教育と同様に、高等教育と学術研究の世界の門戸も、徐々に女性に対して開かれていきます。

当時、特別な許可がない限り、女性は大学入試を受験できませんでしたが、1874年にその制限が撤廃されます（もっとも1901年までは、実際に入学する際には特別許可が必要でした）。

そうした困難な状況でもめげずに、勉学の道を志した女性がいます。

マリア・チェッチェトシュリンは、1870年、女性として初めてヘルシンキ大学に入学しました（特別許可を得て入学）。これはフィンランドのみでなく、北欧諸国でも初の快挙でした。

しかしチェッチェトシュリンは１８７３年に大学を中退してしまったので（その後は語学力を生かして事務員として働きました）、女性として初めて大学を卒業したのは、エマ・アイリーン・オストロムという女性でした。１８８２年のことでした。卒業後の彼女は教師の道を選びました。

国会の議場に立ったフィンランド女性

フィンランド女性が社会進出していくうえで大きな分岐点になったのは、１９０７年です。女性に参政権が認められた翌年となるこの年、国政選挙が実施され、国会（一院制議会、定数２００名）に19人の女性議員が誕生したのです。

フィンランドは女性に選挙権を認めた最初の国ではありませんが、被選挙権を含めた完全な参政権を女性に認めた「国」は、世界でフィンランドが最初です（当時はロシア帝国内の自治領）。「国」と断りを入れたのは、州の規模ならば被選挙権まで認めていた地域があるためです（オーストラリアの南オーストラリア州、１８９４年）。ちなみに選挙権に限れば、世界で最初に女性に認めた国は１８９３年のニュージーランド（当時は英領）ですが（州規模だとアメリカ合衆国ワイオミング州、１８６９年）、被選挙権は１９１９年からです。

そのほかの西洋諸国が女性に参政権を付与するのは、おおむね第一次世界大戦前後のことです。まずは北欧の国々がフィンランドに追随しました。ノルウェーが1913年、スウェーデンが1919年です。

1906年以前、フィンランドの参政権は資産に応じた限定的なものでした。その改革を叫んだ女性活動家たちは、身を削るような努力を重ねました。そしてついに1906年、ロシア皇帝の思惑もからんで、完全な参政権が男女ともに認められたのです。

初の普通選挙に立候補したひとり、ヘドウィック・ゲブハルドは次のような選挙広告を出しました。

「親愛なる女性のみなさんへ
選挙の時が近づいています。
フィンランドの女性は、ヨーロッパで初めて参政権を与えられたのです。誇りを持って、私たちはその義務を果たそうではありませんか。
さあ、みなさん。
フィンランド初の、本当の意味で民主的な議会の構成が決定する時です。私たちは誰一人、その瞬間に欠席しないようにしましょう。

正当な理由なく選挙を放棄したなら、その女性の肩には重い責任がのしかかるでしょう。フィンランドの女性が大切にしている良心の問題は、何よりもまず、これです。

・国教会を支持すること
・良識の促進
・禁酒の確立
・女性の地位を向上させること

これらの問題はすべて、国会で議論される予定です。だからこそ、さあ女性のみなさん、社会を浄化し、家庭の敵を打ち負かすために立ち上がりましょう」

選挙は1907年の3月15日と16日におこなわれました。フィンランドの市民権を持つ人ならば、24歳以上のすべてが投票権を持っていました。投票率は70・7%で、選挙は滞りなく終わりました。

そして、最大の勝利を勝ち取ったのは、女性たちでした。立候補した女性62人のうち、19人が当選したのです。

当選した議員の一人が、ミンナ・カントの友人、ルキナ・ハグマンでした。前述したフィンランド初の共学校の校長になった人です。

1907年11月、初の女性国会議員として議会に臨んだハグマンは、こう述べました。「親愛なる女性の同胞たち。歴史上初めて、私は一人の自由な女性として、みなさんに語りかけています」

女性活動家であるハグマンは、1892年に「Naisasialiitto Unioni〈フィンランド婦人会連合〉」を共同で創設してその会長に選出されており、1899年には自ら「Marttaliitto ry〈マルタ組織〉」を立ち上げています。どちらの組織も、女性の家庭における立場の向上、教育・労働環境の改善を目的としています。議員となった後の1907年には、「Suomalaisen

ルキナ・ハグマン（1853−1946）

ミーナ・シッランパー（1866−1952）

Naisliiton〔フィンランド女性組合〕」を共同で立ち上げました。1928年には、女性としてはじめて教授の称号を獲得しています。また彼女は、ミンナ・カントの伝記の著者でもあります。

同じく最初に国会議員に選出された女性の一人に、ミーナ・シッランパーがいます。彼女は38年もの間、国会議員として活動し続けました。1926年から27年には社会大臣に就任しています。フィンランド初の女性閣僚です。

戦争と女性の力

20世紀初頭、社会の変化は女性を労働力として必要としていました。実際、多くの女性が社会に出て働いていましたが、それを支える社会的な平等性はどうだったでしょうか。

フィンランド女性は、社会での対等な立場を求めて長い道のりを歩いてきました。それでもまだ、最も足枷《あしかせ》となっている制約を取り除くには時間がかかりました。前にも述べたように、女性、特に既婚女性の自己決定権の範囲は狭く、働く際に後見人である夫の許可が必要だったのです。

しかし1919年、ついに既婚女性も、夫の許可を得ずとも、働いて賃金を受け取れるようになりました。もっとも、夫を後見人とする制度から解放されるには、さらに10年以上待たなければなりませんでした。1930年、新しい婚姻法が成立し、後見制度はようやく廃止されました。

女性の権利の進歩は、ここで止まりませんでした。ただし、それを進めたのは、女性の力でも社会の理解でもなく、とても不幸なできごとでした。

戦争です。

1930年代末から45年にかけて、フィンランドは立て続けに戦争状態に陥りました。ソビエト連邦がカレリア地峡に侵攻してきたことで始まった冬戦争（1939〜40年）、ドイツ軍がラップランドに進駐しソ連に侵攻したことで始まった継続戦争（1941〜44年）、そして、ラップランドに残留するドイツ軍と戦ったラップランド戦争（1944〜45年）です。この間、すべての男性は戦場に出払い、社会を女性だけで回さなくてはいけない状況に陥ったのです。

育児と家事に加えて、農家の妻は畑仕事や家畜の世話をおこない、都市部の女性たちは病院や工場で働きました。そうやって、男性の抜けた穴を埋めたのです。

1945年7月に戦争が終結して男性たちが戻ってきても、女性には戦中と変わらぬ労働が求められました。フィンランドに、巨額の戦争賠償金が課せられたためです。

継続戦争でソ連に敗れたフィンランドは、３億ドル（現在の価値で約55億２０００万ドル）相当を支払うよう、１９４４年のモスクワ休戦協定で取り決められました。この巨額な賠償の半分は、機械や船舶などの鉄工品で支払われることになっており、その生産に女性が労働力として必要とされたのです。

支払い続けること7年、１９５２年9月18日、最後の賠償物資がフィンランドとソ連の国境ヴァルヤッカラ駅を通過していきました。そして、そののちも、女性たちは労働力として社会にとどまりました。

このように、戦争や経済的な必要性にかられて社会のシステムが改革されるのは、どの国にもよくあることでしょう。しかしフィンランドでは、それに加えて、意識面の改革もなされた点については、みなさんの注目に値するのではないでしょうか。

戦争とそれに続く賠償のため、10年以上にわたって、女性は未婚既婚に関係なく社会で働き続けました。その間に女性が社会に出て働くことは「ごくあたりまえのこと」になり、働く母親の姿が子どもたちの意識も変えていきました。

女の子は、男の子だけでなく自分にも働く道が開かれていることを理解しました。自分にも選択肢があり、望めば社会に出てもよいと知ったのです。男の子も、女性も男性と同じように外で働く可能性があると知り、将来の妻が外で働くというライフスタイルを具体

フィンランドにおけるジェンダー平等の進行

1971	性差別が法律で禁止 雇用契約法制定
1972	男女共同参画審議会設立
1983	離婚後の子どもの共同親権を認める
1986	女性差別撤廃条約批准
1987	男女平等法制定
2000	タルヤ・ハロネンがフィンランド初の女性大統領となる
2003	アンネリ・ヤッテンマキがフィンランド初の女性首相となる 男性に育児休暇 女性が国防軍大尉に昇進
2006	最高裁判所に初の女性裁判長が誕生
2011	ユッタ・ウルピライネンが財務大臣に任命、女性として初

的にイメージするようになりました。新たな価値観がこの時期に培《つちか》われたのです。

次世代の意識が変わったことで社会全体の考え方も変わり、1970年以降の女性の権利運動は成果を得ていきました。1980年代には女性の権利に関する法がさまざまに整備され、国際条約の批准、医療制度なども整いました。こうして、フィンランド生まれの人は、男女に関係なく平等な権利を持つようになりました。

基本的な条件が整ったことで、2000年以降、より多くの女性が、社会において、政治において、学術の世界において、文化において、ビジネス界において、トップに立つ時代が到来しています。

フィンランド女性の20世紀は、ジェンダー平等社会の実現のために大きな努力を重ねた100年間でした。

ですから、2000年にタルヤ・ハロネンがフィンランド初の女性大統領に就任したことはもちろん祝うに価《あたい》するできごとでしたが、それ以上に、100年にわたる女性たちの功績を祝うほうが、よりふさわしいかもしれません。

そして今も、女性たちの活躍は続いています。

母子の健康を守る制度——ボランティア活動から国家政策へ

20世紀初頭、社会に出て働き始めた女性にとって、家庭と仕事を両立させるうえで、さまざまな障害がともないました。特に問題となったのは、出産・育児（特に乳児期）との両立でした。女性が大きな犠牲をはらうことなく、仕事と子育てを両立できないだろうか。社会として何ができるか、考える時期に来ていました。

赤ちゃんへの保障があつく、「フィンランドで生まれたら、宝くじに当たったのと同じ」と言われる私の国も、20世紀初頭はそうではありませんでした。

当時のフィンランドは貧しい国でした。生活水準が低く衛生状態も悪かったため、病気が蔓延し、子どもの死亡率は高い状態でした。お産をすませたばかりの女性の多くは、清潔なベッドはもちろんのこと、赤ちゃん用の清潔な服も持っていませんでした。

その状況に立ち上がったのが、マンネルヘイム児童福祉連盟です。この団体は、カール・グスタフ・エミール・マンネルヘイム（軍人、第6代フィンランド大統領。軍最高司令官としてフィンランド内戦、冬戦争、継続戦争、ラップランド戦争を指揮）が1920年に設立した慈善団体で、貧しい母親たちにベビー用品や衣類を貸し出すようになりました。

物資はバスケットに詰められ、助産婦たちが巡回して、母親たちに渡しました。不要になったベビー用品は返却され、洗濯して、次に必要な人たちに渡されました。

続いて協同組合エラント（1905年に設立された消費者協同組合。製品の品質と労働条件の改善を目的とした）も、1931年から、赤ちゃんが新しく生まれた家族への支援を始めました。組合に加入している家族には、名づけ親からの贈り物というかたちで大きな段ボール箱が送られました。中には、赤ちゃんの世話の仕方を書いたガイドブック、衣類、少額が預け入れられている預金通帳が入っていました。

フィンランド政府も、低下する出生率と高い乳児死亡率の対策に立ち上がりました。1937年に出産助成法が制定され、翌1938年から、出産給付金と、新生児の育児用品を納めた「マタニティ・パッケージ」が支給されるようになりました。

当初は低所得者のみを対象としていて、給付金については、工場労働者の平均月給の3分の1ほどの額が新生児に対して支払われました。1949年からは所得制限がなくなり、すべての母親が受け取れるようになりました。

この出産給付金制度を定期健康診断に結びつけたことも、母子の健康状態に大きく寄与しました。妊婦の健康維持と検診を一体化したこのシステムが、現在フィンランドの福祉制度「ネウボラ」へと発展していきます（ネウボラについては後で詳しく紹介します）。

妊婦は医療制度に組み込まれ、赤ちゃんは清潔な服と清潔なベッドで眠れるようになり、母子の死亡率はどちらも減少しました。母親の貧富にかかわらず、すべての子どもが人生の良いスタートを切れるようになったのです。

ここで、マタニティ・パッケージについて、もう少し説明しましょう。

妊娠154日目まで達した妊婦は、マタニティ・パッケージか170ユーロ（約3万円弱、2024年7月レートによる）の税制優遇のどちらかを選ぶことができます。初産婦の95％はマタニティ・パッケージを選んでおり、私も二人の子どもの出産の際にはマタニティ・パッケージを選びました。

パッケージには、新生児に欠かせないものとして、ベビー服（上着、ズボン、肌着、靴下、ミトン、帽子）、ブランケット、おむつ、タオル、体温計、絵本、石鹸、ローションなど、64種類が入っています（2024年現在）。内容は時代に合わせて変化しており、たとえばベビー服は現在ジェンダー平等に考慮して、男の子も女の子も着られるユニセックスなデザインになっています。

パッケージの段ボール箱も、ベビーベッドとして使うことができます。このためマタニティ・パッケージは、「ベビーボックス」という別名でも親しまれています。

ベビーボックスが届くと、妊娠後期を迎えた女性は、出産が間近に控えていることを実感するとともに、赤ちゃんの誕生に必要なものはすべてそろっているという安心感を覚えます。私も第一子を妊娠した時は、初めての出産で不安でいっぱいでしたが、ベビーボックスが心を癒やしてくれました。これから親になるカップルにとって、ベビーボックスが届くという知らせは、社会から心からの祝福を受けているような気持ちになるのです。

夫がベビーボックスを持ってきてくれた日、そしてそれをいっしょに開けた時、二人ですっかりお祭り気分になったことを覚えています。

出産と育児をサポートするフィンランドの制度

こういった出産や育児への支援制度に、私はとても助けられました。健康の維持や次のキャリアへのステップアップに関してはもちろんですが、心理的にも助けられたのです。心理的というのは、私に課せられた二つのプレッシャーをかなり軽くしてくれたからです。

ひとつめは、私たち夫婦の両親たちからのプレッシャーでした。長男はどちらの両親にとっても初孫だったので、両親たちがしょっちゅう電話をかけてきては聞くのです。

「あの子はどう？　あなたたち二人とも、もしかして仕事が忙しすぎたりはしない？」

もちろん善意からで、まったく悪気はないのですが、私からすればプレッシャー以外のなにものでもありませんでした。

もうひとつは、私自身がかけていたものでした。

私は多くの研究論文を読み、家庭環境が子どもの成長に大切なことを知っていました。「家庭環境がおだやかかどうかが子どものウェルビーイングに大きく影響する」「子どもの発達に大切なのは、調和のとれた家庭環境、つまり、家族が互いに平等で、互いに敬意を払い、大切にされている環境である」「家庭のさまざまなトラブルに対処できるか否かが、子どもが将来心理的な障害に直面した際に、対応すべき手段を持っているかを左右する」、そして「ジェンダー平等社会の出発点は、親が子どもの手本となり、平等がごく自然なことだと示していくことである」といったことです。

要は「親の背中を見て子は育つ」というわけで、私はこの子たちのお手本であらねばならないという意識がプレッシャーとなっていたのです。

そういったプレッシャーをフィンランドの支援制度は軽くしてくれました。

ただこういった制度は、女性を助けエンパワーするためだけにあるものではありません。

出生率を上げたい政府、産休後の女性の職場復帰を促して生産性と消費の両方をあげたい経済界など、さまざまな思惑がそこには絡んでいます。しかし、それぞれが自分にとっての利益やウェルビーイングを求めながらも利益相反が起こっていないこと、そのための仕組みが複雑すぎないことといった条件がそろって、制度は効力を持てるのです。

日本にも母子健康手帳や母子検診といったシステムがあり、効果をあげていると聞いています。反対に、いっこうに成果を見ない制度もあるとも耳にしています。ぜひ、フィンランドの制度と比べてみてください。

子どもの健康と家庭環境のモニタリング——ネウボラ

ネウボラ（Neuvola）は、フィンランドの出産・育児支援の中核をなす国家制度です。ちなみにネウボラとは、フィンランド語の neuvo、つまり「アドバイス」といった意味合いの言葉を語源にしています。

ネウボラの歴史は１９２０年代にさかのぼります。当時の乳児死亡率、母体の死亡率の高さを危惧した小児科医や看護師が始めたボランティア活動でした。その後フィンランドの国力があがって財源を税からまかなえるようになり、政府主体の活動に移行していきました。現在のネウボラは、フィンランドに定住している母子なら誰でも利用でき、国籍は問われません。これが「フィンランドで生まれたら宝くじに当たったのと同じ」といわれるゆえんです。

ネウボラの特徴のひとつが、母子の健康のモニタリングです。女性は妊娠するとこの制度の保護下に入ります。妊娠中の検診が11回、子宮の超音波検査が最低2回あり、医師の診察もおこなわれます。出産後も、看護師の家庭訪問で母子の健康状態がチェックされます。

子どもに関しては就学前まで検診と予防接種（保護者の同意が必要）がおこなわれ、その間、家庭環境のウェルビーイングもモニタリングされます。家庭環境をモニターするのは、ネウボラに「幸せな家庭での健やかな生育環境を、すべての子どもたちに」という理念があるからです。

子どもが学校に通い始めると、今度は学校福祉制度に組み込まれてモニタリングが継続されます。健康や家族環境に加え、学業の習熟状況もモニタリングされ、習熟度に応じて追加の学習セッションが提供されます。中学以降は学生保健制度に引き継がれ、大学卒業までサポートが続けられます。

つまり、フィンランドで生まれた子どもたちは、出生前から学業を終えるまで、手厚くモニタリングされるのです。

ネウボラの特徴のもうひとつは、その名のとおり、アドバイスをおこなうことです。多くの妊婦には、妊娠について尋ねたいことが数多くあるものです。妊娠や出産で母体がどう変わるのか、赤ちゃん誕生で夫婦関係が変わってしまうものなのか、新生児をどう世話したらいいかといったことがらです。ネウボラでは経験を積んだ看護師や助産師がこういった質問を受け付け、アドバイスや情報を提供してくれます。

このアドバイスシステムでいちばん大切なのは、妊婦の不安な思いに耳を傾けてもらえるということです。長男を身ごもった時の私がそうだったように、妊娠時の不安を吐き出す場があるのはとても価値があるものです。

ネウボラが提供する情報は広く、妊婦向けの活動なども含まれています。私はここで妊婦向けのエクササイズ講座を知って参加しましたが、出産後も赤ちゃんと一緒に参加でき、とても便利でした。このグループから新しい友情もめばえ、この時知り合ったママ友とは、今も交流が続いています。


子どもだけでなく家族丸ごとウェルビーイングを保証してくれるネウボラは、その価値をいくら強調してもしすぎることはありません。家族がなにかの困難に直面した場合、いつでもネウボラからの助けが得られ、しかも、すべて無料なのです。

働いてなくても預けられる保育園

母親にとって、子どもを安心して預けられる保育園があるのは、とても心強いものです。フィンランドの保育園法では、自治体の義務として「すべての子どもたちが入れる保育施設を用意する」ことを定めています。日本のような待機児童問題をそもそも発生させない仕組みです。母親が働いているかどうかも、問われません。

保育料は一律ではなく、親の所得に応じて決められます。収入の多い親ほど、保育料も多く負担するかたちです。この保育料は昼食代込みになっているので、親がお弁当を用意する必要はありません。朝食を提供する保育園も数多くあって、私も長男の朝食を保育園にお願いしていました。

入園年齢は在宅保育手当が切れる3歳からのケースが多いですが、乳児保育をおこなう園もあります。シフト制で働く親のための夜間保育や、休日保育をおこなう保育園、フィンランド語以外を母語とする家族のためのデイケアセンターなども、自治体の義務として用意されています。

フィンランドでは一定の内容の就学前教育が義務づけられているのですが、これも多くの保育園で受けることができます。就学前教育では、フィンランドの芸術文化、算数の基礎を学ぶほか、環境問題や自然問題への意識を高める教育などがおこなわれます。

保育園に子どもを預ければ安心なうえに、質の良い教育も受けられるとあれば、子どもはもちろん幸せですし、出産や新生児の世話でキャリアをとめていた母親も、「さあ、仕事に戻ろう」という気になれるものです。社会にとっても、就労実績のある女性が職場に戻れば生産性があがりますから、ウィンウィンの仕組みといえます。

フィンランドの保育園の雰囲気を知っていただくために、私の子どもたちが過ごした保育園ライフを紹介しましょう。

息子と娘はどちらも、わが家から1キロほど離れた同じ保育園に通いました。スタッフがみなとてもフレンドリーで、居心地がよく、家庭的だったのです。

その園は外遊びが基本となっていて、子どもたちは天気に関係なく、雨や雪が降っていても外で遊びました。そのため私は、どんな天気になっても大丈夫なようにいろんな服を園に預けていました。

また、その園では、就学前教育の一環として、毎週ピクニックをおこなっていました。フィンランドは森や国立公園、湖が豊富です。子どもはそこで冒険心を学び、自然の豊かさを味わうなかで自然保護の重要性を学ぶのです。

ピクニックの日には、私はランチボックスを用意し、その日の天気にふさわしい恰好を子どもにさせて、園に送り届けました。

ピクニックでは、子どもたちは手をつないで、かなり離れた森まで歩いていきます。歩く途中では、目にする木や花々などの自然について話をしたり、蝶々や他の小さな生き物を探したりします。

森に着いたらクッションに座って、教職の資格があるスタッフからサーガ（フィンランドに伝わる冒険物語）を聞かせてもらいます。子どもたちはその物語が大好きで、じっと聞きいるのです。

それからお昼ご飯です。子どもたちはお弁当の中身を見せ合ったり、時にはおかずを交換し合ったりします。私はたいていハムチーズサンドと生のにんじんを1本、ビスケット1枚にオレンジジュースを持たせました。お弁当箱とナプキンは、ムーミンの絵が描かれたものでした。

ピクニックのあった日は、子どもには少し疲れる日になったかもしれませんが、私の子どもたちはピクニックから帰ると、森でどのようなわくわくした時間をすごしたか、興奮した様子で話してくれたものです。

Chapter Ⅲ

先駆者たち　――道を切り開いた6人の女性

前章では、フィンランドという国が歴史に翻弄されながらも女性のエンパワーメントを進め、ジェンダー平等社会を築いてきた過程を紹介しました。この章では、その歴史の中でも、ジェンダー平等に向けて果敢な行動を起こしたフィンランド女性の人生を紹介します。

フィンランドの歴史上には傑出した女性が数多くいますが、その中から私は、さまざまな分野でパイオニアとなった6人を選びました。伝統的な女性の役割を打ち破り、新しい女性像を作り上げた人たちです。

ミンナ・カント（1844－97）
文筆を通じて、女性のエンパワーメントの道を切り開く。特に女子教育への後援で名高い。

ヘレン・シャルフベック（1862－1946）
画家。女性への差別が厳しかった芸術界にあって、その芸術性で高い評価を得る。

アイノ・シベリウス（1871－1969）
夫である音楽家シベリウスをサポートし、音楽の才能を遺憾なく発揮させる。

マイレ・グリクセン（1907－90）

後援者として美術工芸の発展に尽力。建築家アルヴァ・アアルトらとともに、家具工芸ブランド・アートスペース〈アルテック〉を立ち上げる。

アルミ・ラティア（1912－79）

アパレルブランド〈マリメッコ〉の創業者。ビジネスにおける女性の才能を社会に認めさせる。

トーベ・ヤンソン（1914－2001）

鋭い風刺で大衆を楽しませた画家。「ムーミン谷」シリーズの著者。同性愛を公表して生きる。

みな「強いフィンランド女性」の代名詞といえる知的かつ勇敢な人たちです。「勇敢」と形容したのは、居心地の良い場所から踏み出して、自分の力を信じて行動し、社会におのれのポジションを認めさせ、次世代への道を切り開いたからです。

彼女たちは家族を支える立場にあり、夫や子どもの死、大けがなどの身体の不調、経済的苦境など、多くの困難な状況に直面しました。しかし闘志を絶やすことなく、どんな難局にも立ち向かい、キャリアを追求し続けました。この6人の人生はみなさんに、おそれることなく自分自身の人生を生きる勇気を与えてくれるのではないでしょうか。

6人のうち二人の誕生日は、フィンランドの「国家掲揚の日」になっています。

3月19日：ミンナ・カントの業績と、概念としての平等を祝う

7月10日：ヘレン・シャルフベックの業績と、フィンランド芸術を祝う

その日は彼女らに敬意を表して、フィンランド国旗が掲揚されるのです。

ミンナ・カント——ジェンダー平等の先駆者

「女性をめぐる問題は、女性だけのものではなく、人類全体の問題です」（ミンナ・カント）

ミンナ・カントは日本ではあまり知られていないかもしれませんが、フィンランドでは伝説的な人物です。真のルネサンス・パーソン〔「多才で豊富な知識を持つ人物」の意〕であり、著名な劇作家・散文作家・ジャーナリストであり、より良い社会、より平等な社会のために、精力的な活動をおこないました。また優れたオピニオン・リーダーであり、インフルエンサーでもありました。

ミンナ・カント（1844−97）

ミンナはフィンランド文学界で最初に評価された女性であっただけでなく、企業家としても成功しており、夫亡きあと7人の子どもを育て上げたシングル・マザーでもあります。

どのような環境にあっても、自分自身と自分の価値観を信じさえすれば、社会で自分の道を切り開くことができる――彼女の人生はそれを証明しています。

未亡人、起業家になる

ミンナ・カント（旧姓ヨホンソン）は1844年、労働者階級の家に生まれました。しかし父が勤務先の工場で直営店の責任者という比較的良い地位にいたので、労働者向けではない学校で質の良い教育を受けることができました。卒業後もさらに教員養成学校に通うことができ、そこで出会ったヨハン・フェルディナンド・カントと結婚します。結婚後の15年間で7人の子どもにも恵まれました。

良い教育を受けていた彼女は「社会で働きたい」という希望を持っていましたが、当時のフィンランドは、既婚女性が外で働くことを良しとしていませんでした。

ところが、相次ぐ不幸が彼女を襲います。1877年に父が亡くなり、その2年後には、夫が44歳の若さで亡くなってしまったのです。ミンナは35歳の若さで未亡人となりました。

途方に暮れて、パニックに陥るのが普通だと思うかもしれませんが、彼女は違いました。「生き延びてみせる」と、強く決意していたのです。

当時の未亡人は、妻を亡くした夫よりも長期間の喪に服すことになっていました。そして夫の死から3、4年を経たら、別の人と再婚するのが普通でした。女性の経済的な安定を考えて、それが慣習となっていたのです。

しかしミンナは、そんな慣習に従う気はさらさらありませんでした。1880年の厳しい冬の最中、ミンナはまだ喪中だったにもかかわらず、夫と暮らしたユヴァスキュラをひきはらうと、子どもたちを連れて故郷のクオピオに戻り、実家のカンティッラで暮らし始めました。

ミンナがクオピオに戻ったのは、ある計画を胸に秘めていたからでした。みずから経営者となって、家族を養う気でいたのです。

ミンナの亡くなった父は、工場勤務時代に直営店を任されていたキャリアを活かし、クオピオで商社を興していました。ミンナはそこを兄と共同で運営しようと考えたのです。もっともこの会社は当時赤字状態にあり、傍《はた》から見れば無謀な計画といえました。

しかしミンナには経営の才があったらしく、会社の経営は好転しました。ミンナの商社は以後も利益を上げ続け、活動家としてのミンナの経済的基盤となりました。

社会を告発するミンナ

クオピオに戻った後のミンナは、まさにスーパー・ウーマンでした。商社を経営しながら7人の子どもを育て、さらに時間を見つけては、10本の戯曲と7本の小説をはじめ数え切れない作品を世に出しました。

彼女が扱うテーマは、社会の不平等、アルコール依存症、婚外妊娠、売春、クレプトマニア〔盗癖・窃盗症〕、道徳観、貧困層の厳しい生活など、社会の暗部を浮き彫りにしたものでした。これらは当時の風潮からすると、「女性が書くべきではない」とされていたものです。

さらにミンナは、〔個人的には信仰をだいじにしていましたが、〕スピーチでキリスト教会を公然と批判し、聴衆に衝撃を与えました。彼女に紙面を提供していた地元新聞『ケスキ・スオミ』は、彼女の寄稿を紙面から閉め出しましたが、競合誌『パイヤンネ』が代わって受け入れたので、ミンナの発信が途切れることはありませんでした。

ミンナが最も大切にしていたテーマは、子どもと女性への教育の必要性でした。

彼女は、すべての子どもが自由で独立した人間として成長できるようにすべきだと主張しました。

「親は子どもにとって、経験豊かな友人かつカウンセラーであってしかるべきです。規則や罰を与える裁判官ではありません」

1884年当時は、親に従うように子どもをしつけるのがあたりまえでしたから、ミンナの主張は過激な考えとして世間に衝撃を与えました。

ミンナはまた、女子教育について熱く語り、かつ執筆しました。有名なものとしては、1874年に『ケスキ・スオミ』に掲載された論説があります。その中でミンナは、今の女子教育が女子が母親・配偶者・教育者として生きるのに必要な能力を身につけさせていない、これからは宗教、数学、科学、歴史、解剖学を導入すべきだと訴えています。

ミンナの思想とその作品は、フィンランド文学の発展、教育制度の発展、そして平等な社会の実現に多くの影響を与えていきました。

ミンナの二つのサロン――文化人サロンと改革派女性のサロン

ミンナはフィンランド文壇の中心人物となり、外出嫌いとして有名な彼女との交流を求め、多くの文化人がヘルシンキから遠く離れたクオピオを訪れました。たとえば、こんな人たちです。

ジャン・シベリウス（音楽家）とその妻アイノ

ユハニ・アホ（作家）

エーロ・ヤルネフェルト（画家）
アルヴィド・ヤルネフェルト（作家、裁判官）
ヴェニー・ソルダン＝ブロフェルト（画家）
アクセリ・ガッレン＝カッレラ（画家）
ペッカ・ハロネン（画家）

この集まりは、「ミンナのサロン」と呼ばれました。

ミンナはフィンランド語とスウェーデン語のバイリンガルだったので、北欧文学について両方の言語で議論ができましたし、フランス文学とドイツ文学にも精通していました。文学以外にも、最新科学、イデオロギー、社会のモデルについて議論しました。作家の卵たちが多く訪れ、主題の選び方や執筆方法についてミンナのアドバイスを受けました。

またミンナは、文化人のサロンとは別に、クオピオに住む改革派の女性を招いて、女性の権利に関す

「ミンナのサロン」に集う人びと。右端がミンナ

る社会的な議論を熱く交わしました。主なメンバーはエリザベス・ステニウス＝アルネーンカリオ、セルマ・バックルンド、ベティ・イングマン、リディア・ヘルクマンで、ミンナと並んで「クオピオの女性の知性」または「知的な5人」と呼ばれました。

ミンナは、女性や少女たちの地位を向上させるという壮大な計画を持っていました。社会が女性に押しつけている期待やルールに従わないでよいのだ、自由になってかまわないのだと、周囲に行動で示しました。そしてみずから最前線に立ち、不平等と闘い続けることによって、それを実践で示してみせたのです。

『労働者の妻』（1885年）

彼女の著書は、昔も今もフィンランドの学校で読まれています。最初の著書『Työmiehen vaimo（労働者の妻）』（１８８５年初版）（邦訳『女たちのフィンランドII　労働者の妻』２０１６年・フィンランド文化研究所、Kindle版のみ）が出版されてから１４０年近く経ちますが、男女の対等な扱いを求める強いメッセージは、今も変わりません。

「女性が社会から排除されれば、人類の残り半分（つまりは男性）が衰退する（…）」

それがミンナの考えでした。

ミンナ・カントの言葉

最後に、すべての女性を勇気づけるであろうミンナの名言を、いくつかご紹介します。100年以上前の言葉ですが、今も通用するものばかりです。

「女性が前進するための最初の条件、それは個人的な、そして精神的な自由です。すべてはその上に成り立っているのです」

「今後、女性が活躍できる仕事の場は広がるでしょう。大事なのはその際の役割です。何世紀、何千年にもわたって壊れたまま放置されてきたものを、私たち女性がすべて修正し、癒していく必要があります」

「（しかし）女性は弱い生き物で、それが権利を得る障害になっている、といった論理を語る人は常にいます。ならば、男の子も女の子と同じように、愚かしいやり方で、そして限られたことしか教えずに、育ててみましょう。若い男性をコルセットで締めつけ、どこまで体力と健康がもつか試してみましょう」

そしてもうひとつ。

「他人の言うことなんて、気にしていられないでしょう?」

ヘレン・シャルフベック
——自らの才能に人生を捧げた女性

「女性であっても、何かを成し遂げることは絶対にできる」（ヘレン・シャルフベック）

「フィンランドの至宝ヘレン・シャルフベックの魅惑の絵画、発見さる」
「王立美術館のギャラリー・オープニング、若くして才能花開いたシャルフベックの絵画を展示」

これは、2019年の展覧会でロンドン王立アカデミーが作ったキャッチコピーです。

ヘレン・シャルフベックは、このようなあおり文句も必要ないほど、存命中から注目され続けた画家でした。人間的であると同時に女性的であり、偉大なる天性をもち

ヘレン・シャルフベック（1862–1946）

ながら女性性を表現している——と。

しかし私に言わせれば、ゴットハルト・ヨハンソンの次の言葉が、彼女の芸術を最も言い当てていると思います。

「ヘレン・シャルフベックの作品を前にすると、それが古いか新しいか、いいか悪いかなどという概念は消えてしまう。そのただ偉大な芸術の前に立てばいい。そこは聖なる空間だ」

ヘレン・シャルフベックの人生を短くまとめるのは難しく、彼女がフィンランド美術、ヨーロッパ美術に与えた影響を語るのはさらに難しいものです。

ただ言えるのは、裕福とはいえない環境に生まれ、子ども時代の大けがで一生残る障害をおったこと、アウトサイダーとして疎外感を覚えながら、女性アーティストへの偏見と闘ったこと、関係がうまくいっているとはいえない母の面倒を見続けたこと、そして、こうした逆境にもかかわらず、フィンランド美術界の、そしてヨーロッパ美術界の頂点まで昇りつめたことです。世間にはヘレンが小さくか弱い女性だったという間違った神話がありますが、真実の彼女は非常に強い女性であり、自分の芸術を突きつめて作品を生み出し、進化させ続けたのです。

病床の孤独

ヘレン・ソフィア・シャルフベックは1862年ヘルシンキに生まれました。父と母、二つ上の兄との4人家族でした。

ヘレンが4歳の時〔3歳との説もある〕彼女を生涯苦しめる事故が起こります。階段から転落し、腰を強打したのです。

しかし当時の一家の財政状況では、出血するような重傷でもなければ、医者には診てもらえません。ヘレンは治るまでベッドに寝かされ、痛みをこらえ続けました。結果として、生涯にわたって足をひきずって歩くことになったのです。

この障害のせいで、ヘレンは子ども時代に他の子のように外で駆け回ることができませんでした。学校にも通えず、家庭で教育を受けました。こうした生い立ちが、彼女の作風に影響を与えたと思われます。どこか神経質で、陰鬱で、孤立感が漂っているのです。

1876年、ヘレンの父が結核で急死しました。残された家族はひどい困窮に陥りました。

しかし、ヘレンの作品に感心した家庭教師がそれを知りあいに見せたことで、転機が訪れました。傑出した才能を持つ子どもとして、ヘレンはフィンランド芸術協会のデッサンスクールに入学を許可されたのです。14歳の時のことでした。

この頃すでにヘレンには、アーティストとして歩む心づもりができていました。しかし当時、女性がアーティストとして生きようと思うと、さまざまな障害が待ち受けていました。

女性が芸術を学んだり絵の描き方を教わることは、たしなみのひとつとして奨励されていましたが、一方で、結婚を機にあきらめるようにも期待されていました。なおもアーティストとして生きる道を選ぼうとすると、さまざまな偏見にさらされました。また、女性を受け入れる美術学校、美術アカデミーは限られており、教育の質も高くありませんでした。

しかしヘレンは卓越した才能を持っていたことから、デッサンスクール卒業後も、画家アドルフ・フォン・ベッカーの私塾に通えることとなりました。

《雪の中の負傷兵》の衝撃

ヘレンが《雪の中の負傷兵》を描きあげたのは、まだ17歳の時でした。この絵は二つの点で、社会に衝撃を与えました。

ヘレン・シャルフベック《雪の中の負傷兵》1880年
（フィンランド国立アテネウム美術館蔵）

ひとつはその描かれたテーマ、もうひとつはその表現力です。

《雪の中の負傷兵》は、ナポレオン戦争下のフィンランド戦争（1808〜09年。ナポレオンが、大陸封鎖令に参加する見返りとして、帝政ロシアのフィンランド領有を承認。反発するスウェーデンがロシアと交戦）を描いています。フィンランドが帝政ロシアに割譲されるきっかけとなった戦争です。

しかし当時、「戦争」という社会的に重要なテーマは男性画家だけに許されるといった空気があり、女性画家に奨励されたのは、花や子ども、室内などを描いた静物・風景画でした。描くべきテーマがジェンダーで分けられていたのです。

戦争という社会性の高いテーマを、弱冠

17歳の少女が描いたことは、それだけでスキャンダルでした。

もうひとつ、見る者の目をとらえて放さなかったのは、ヘレンの表現技術でした。描かれているのは、戦いで負傷し、雪の中に置き去りになっている青年兵です。まだ10代にも見える青年は、長い軍靴を履いた両足を投げだし、背中をぐったりと樹にもたせかけています。着ている紺と辛子色の軍服は乱れていませんが、金色のリボンが巻かれた軍帽は右脇に転げ落ちています。周囲の雪には、足跡がいくつか残されています。雪の描写はリアルで、足元に凍った雪が感じられるほどです。

彼が寄りかかっているのはフィンランドの国樹である白樺で、雪原にその一本だけが、斜めに傾きながらも伸びています。その枝の下には、冬景色の中にごく小さく、軍の小部隊らしい人影が黒く描かれています。

青年兵は、これからただ死を待たねばならないのか、あるいは戦友が助けに来てくれるのか――。彼は傷ついてなお、祖国と自分自身を守るために、銃剣を左手に握り続けています。

この絵と若き女性画家は絶賛され、その名は瞬く間に世間に知られました。絵は公開展示されたのち、フィンランド芸術協会のコレクションに加えられました。

《雪の中の負傷兵》で高い評価を得たヘレンは、助成金を得られるようになり、美術留学に赴けるようになりました。最初に留学したフランスの美術アカデミーでは、同じくフィンランドから来ていた女性アーティストのアダ・ティレンとヘレナ・ウェスターマルクと出会いました。二人とは生涯続く友情を育み、後に「ペインター・シスターズ」と称されました。ヘレンはこのほか、ウィーン、フィレンツェ、サンクトペテルブルクも訪れ、巨匠の作品を数多く模写しています。

もちろん模写だけでなく、オリジナルの絵画も描いています。彼女は農民画で知られる画家ジュール・バスティアン＝ルパージュの影響で戸外制作に興味をもつようになり、イタリアではフィエーゾレの美しい風景を描いています。そのキャンバスからは暖かい風がそよぎ出るかのようです。

三つの苦悩を昇華した傑作《快復期》

助成金のおかげで外国留学ができたヘレンですが、帰国後の生活費は自分で稼がなければなりませんでした。芸術活動に集中したくとも状況が許さず、母校であるデッサンスクールで教鞭をとることになりました。

当時ヘレンは三つの苦悩を抱えていました。

ひとつは芸術家としての苦悩です。

アーティストとして独自のスタイルを見つける段階に来ていましたが、それが何で、それをどう表現するか、いまだわからないままでした。そんな心理状態でデッサンスクールの教壇に立ち続けるのは負担となり、体調不良から欠勤をくりかえしました。

二つめは、母親との関係です。

ヘレンと母オルガとの関係は、ヘレンが子どもの頃から微妙でした。実はヘレンには、彼女の誕生前に亡くなった姉がいました。最初の娘を亡くした悲しみが、オルガの目を次女であるヘレンからそらさせたのかもしれません。娘が芸術の道に進むことについてもオルガは賛成せず、建築家となった息子ばかりを応援していました。それでもヘレンはオルガと暮らし、生活のめんどうを見ていたのです。

最後のひとつは、失恋です。

1884年に美術留学で訪れたフランスで、ヘレンはある男性と恋に落ち、婚約しました。しかし、その関係は破綻しました。相手の男性は画家とわかっているだけで、あとの素性はいまも不明です。婚約が破綻した理由もわかっていません。

この最後の苦悩は特にヘレンの心をひどく傷つけ、幼い頃から慣れ親しんだ感覚を蘇らせました。他者との隔たり、そして自分は社会のアウトサイダーであるという感覚です。

そして1888年、ヘレンはイギリスのセント・アイヴスを訪れ、そこで転機となる作品を描くことになるのでした。

それが《快復期》です。


書斎と思われる部屋の中に、素朴な作りの木のテーブルが置かれ、大きな籐椅子に子どもが座っています。子どもの手許にはマグカップが置かれ、一枝の若枝がさしてあります。子どもはその枝を両手で包みこむようにして、緑の新芽を熱心に見つめています。子どもは病気なのか、頬は赤く、瞳は熱のためか潤みを帯びています。胸から足もとまでをおおうように、生成りのシーツを巻きつけています。しかし若枝から萌え出た緑の芽が、この子が快復に向かっているというメッセージを発しています。

籐椅子の背に大きな白いクッションが置かれていますが、子どもはもたれかかってはいません。クッションの暖かさが伝わってくるような筆づかいです。

この絵でヘレンは、光の描写、鮮やかな色彩、重層的な構図を習得したことを証明しました。

しかし人びとの心を打ったのは、そうした専門的なことよりも、子どもの真っすぐな眼差し、緑の新芽に向けられた無邪気で大きく澄んだ青い瞳でした。そこから、「未来はもっとよくなる」というメッセージを受け取ったのです。

1888年のパリ・サロンに出品された《快復期》は、翌年のパリ万博で銅メダルを獲得し、ヘレンは国際的な名声を得ました。

絵はその後フィンランド美術協会に買い上げられました。「《快復期》は、これまでの作品よりもずっと滑らかで、素晴らしい技術的な才能を証明している」として。

ヘレン・シャルフベック《快復期》1888年
（フィンランド国立アテネウム美術館蔵）

さてヘレンは、失恋で傷ついた心の癒やしをこの絵で表現しようとしたのでしょうか。この絵の意味については、多くの分析がなされています。子どもは女の子なのか、男の子なのか。幼少期に股関節を痛めたシャルフベック自身なのか。体に巻かれたシーツは、それを示唆しているのかもしれません。

ヘレンの自画像であろうとなかろうと、《快復期》はフィンランドで最も愛されている絵のひとつです。

「私はただシンプルに、芸術的に生きたいだけ」――首都ヘルシンキを離れて

1902年、ヘレンと母オルガは、ヘルシンキを離れ、静かな村ヒュヴィンカーに引っ越す決断をしました。あまりに多くのことがヘレンの肩にのしかかっていたためです。ヒュヴィンカーはヘルシンキから北へ50キロほど離れた村で、空気が澄んだ場所として有名でした。通年保養ができる先進的なサナトリウムがあることでも知られており、ヘレンの兄で建築家のマグヌスがここの患者向け木造コテージを設計していました。

ヘルシンキから離れたのは、ある意味良い決断でした。

デッサンスクールの教職から解放され、絵を描く時間が増えたのです。地元の人をモデルに絵を描くなかで、失われていた「絵を描く喜び」が再び見出され、インスピレーションを得ることに躍起になる必要がなくなりました。

ヘレンは、望んでいた生活を送れるようになったのです。シンプルに、ただ芸術的に生

きたいという。

一方で、ちょっとした弊害もありました。

村にひっこんだヘレンは、ヘルシンキの芸術サークルとやや距離を置くようになりました。ヒュヴィンカーには鉄道が通じヘルシンキとのアクセスはよかったのですが、ヘレンはそれから15年間、首都を訪れることはありませんでした。

こうしてヘレンは、フィンランドのアートシーンから少しずつ忘れられていきました。しかし、完全に忘れ去られたわけではありませんでした。ヘレンは頼まれれば展覧会に作品を提供し、仲良しの「ペインター・シスターズ」と文通しました。また、海外の美術誌を読んで、国際的なトレンドを注意深く研究しました。

ヒュヴィンカー時代のヘレンは制作に熱心で、《家にて（裁縫する母）》（1903年）、《お針子（働く女性）》（1905年）、《私の母》（1909年）など、多くの有名作品を描いています。

再発見されたヘレン

ヒュヴィンカーでの静かな生活は、1915年、スウェーデンの画商ヨースタ・ステンマンがヘレンのもとを訪れたことで終わりを告げました。

ステンマンは若くかつ精力的で、ヘレンの作品はすぐに、前よりも大規模な展覧会で展示されるようになりました。展覧会以外にも、ステンマンの売り込みでヘレンの活躍の場は大きく広がりました。フィンランド芸術協会の役員室に飾る肖像画の制作依頼が舞い込み、ヘレン初めての個展も開催されました。

ステンマンはスウェーデンでの巡回個展も企画しました。ステンマンがスウェーデンのギャラリーで展示していたフィンランド美術のうち、ヘレンの作品が最も評判がよかったからです。アメリカで個展を開く計画もありましたが、第二次世界大戦が勃発して中止となりました。

ステンマンが現れた1915年は、ヘレンのプライベートにとっても特別な年でした。画家エイナル・ロイターと出会ったのです。

ロイターの本職は森林管理官でしたが、独学で美術を学んでおり、ヘレンの絵に魅了されて何枚か購入していました。そしてこの年、ヘレン本人に会うためにヒュヴィンカーを訪れたのです。

ヘレンはこの若い男性にすっかり魅了されてしまいます。

二人の関係は非常に濃密なものでしたが、1919年、ロイターは突如ほかの女性との婚約を発表します。ヘレンはもう彼が自分のために時間を割いてくれないのではないかと落ち込みますが、それは杞憂に終わりました。ロイターは良き理解者として、晩年までヘレンを支えつづけました。作家でもあった彼は、のちにヘレンの伝記を書いています。

１９２３年、母オルガが亡くなりました。母の世話をする必要がなくなったヘレンは、２年後の１９２５年、海辺の村タンミサーリ（現在のラーセポリ）に移り住みました。タンミサーリ時代、その筆致はますますシンプルになりました。それは、《岩壁に落ちる影》（１９２７〜２８年）、《公園のベンチ》（１９２９年）、《緑の静物》（１９３０年）、《青リンゴとシャンパン・グラス》（１９３４年）などの作品からうかがえます。

自分のためだけに生活を楽しみ、絵を描く喜びを味わうと、ヘレンの名声はさらに高まりました。

１９３９年、ソビエト連邦との間に冬戦争が勃発しました。ヘレンは他のフィンランド人同様、国内を転々と避難しました。この事態に、画商のステンマンはスウェーデンへの移住をすすめてきました。最初は躊躇していたヘレンも、危険が増すばかりの国内の状況をみて決意を固めました。

１９４４年、海外脱出も困難ななか、ステンマンの手引きでようやくスウェーデンに着いたヘレンは、以後グランドホテル・サルツシェーバーデンに定住しました。

そして１９４６年1月23日に永眠するまで、自画像と静物画の小品の制作にいそしみました。

自画像――余人が踏み込めない自己探索の表れ

ヘレン・シャルフベックの自画像は、わかっているだけで36枚あります。

自画像は多くの画家が描いており、自分を第三者の視点で描く画家もいれば、感情や主観を色濃く反映した自画像を描く人もいます。しかしヘレンほど、さまざまな画法で自画像を描いた画家はそうそういないでしょう。

若いヘレンが描いた最初の自画像（１８８４－８５年）は、顔は正面を向いているのに、視線は少し左に反れています。まるで、これから自分に何が待ち受けているのか、その片鱗をつかもうとしているかのようです。絵の全体を、温かみを帯びた多彩な茶色が支配しています。

一方、晩年のヘレンが描き遺作となった自画像（１９４５年）は、最初の自画像とはまったく異なるものです。色彩は失われ、頭の輪郭だけが描かれ、瞳も髪も描かれていま

ヘレン・シャルフベック《自画像》1945年
（ユレンベリ美術館蔵）

ヘレン・シャルフベック《自画像》
1884−85年
（フィンランド国立アテネウム美術館蔵）

せん。真っすぐな線で、眼孔と鼻と口のある場所が記されているだけです。この自画像は、表現手段を最小限まで削り落とし、本質的なものだけをとらえたいという衝動を表しているのではないかと、私は思います。

この作品は、ヘレンが人生をかけて、おのれの表現方法を探索し続けた軌跡を象徴的に表しているのではないでしょうか。さまざまな表現を試みた後、最後の自画像で「シンプルな線があれば、すべてを伝えるのに足りる」というところにたどり着いたのです。

ヘレンの自画像シリーズは、自身を批評家的視点で見つめる画家の魂の軌跡ともいえます。人生の良い時も、困難な時も、喜びも失望も、そこにすべて表現されているのです。

そして、最後の自画像を描いている時、ヘレンが直視していたのは、忍び寄りつつある死だったかもしれません。それを絵という表現手段で、彼女がもっとも愛した方法で、正面からとらえようとしたのではないでしょうか。


ヘレンは生涯にわたってアーティストとしての名声を維持し続けましたが、自身を厳しく批評する目を失うことはありませんでした。そんな彼女は１９４２年、こんな慎ましい願いを書き残しています。

「人びとが私に対して寛大でありますように。そして、私のことを忘れてくれますように」

アイノ・シベリウス——ソフトに、そして揺るぎなく

「彼（ジャン・シベリウス）**に寄りそって生きてこられて、幸せです」**（アイノ・シベリウス）

アイノ・シベリウスは、音楽家ジャン・シベリウス（交響詩『フィンランディア』などを作曲。バイオリニストとしても活躍した）の妻です。社会に活躍の場を得ていたのは夫のジャンであり、彼女ではありません。この点で、アイノはこれまで紹介した二人とは異なっています。

シベリウス夫妻

アイノは自分のキャリアを持っていませんでしたが、高い教育を受け、芸術的才能に恵まれており、すばらしい語り手でもありました。

アイノは夫が作曲に専念できるように、あらゆる手を尽くして最善の条件を整える

だけでなく、ゆるぎない覚悟をもって夫を不健康な生活から遠ざけようとしました。母としても、娘たちに最高の子ども時代、愛と芸術と喜びにあふれた人生を与えました。また、雑誌の翻訳を手がけて生活の足しにするなど、家族全員を支える存在、家族を安心させる存在であり続けました。

フィンランドの心理学者エイノ・カイラは、アイノのことを次のように評しています。「おそらく、フィンランド人のうちで最も優れた女性であるだろう」と。

強い母と二人の求婚者

アイノ・シベリウス（旧姓ヤルネフェルト）は1871年、上流階級の文化的な家に生まれました。

「子どもはみな、その興味や長所を伸ばすように育むべきだ」との教育方針のもと、6人兄弟のうちの3人が芸術家の道を選んでいます。アイノも彫刻学校に入り彫刻とデッサンを学びました。会計や数学も学んでいます。手芸も得意でしたし、母の影響から文学にも関心を持っていました。

このような教育方針は、アイノの母エリザベトの考えにもとづいたものでした。

エリザベトは、フィンランド民族主義運動「フェノマン」の中心的人物でした。これはスウェーデン語が上流階級の言葉とされる当時の風潮に逆らい、フィンランド語を用いようという運動です。エリザベトはスウェーデン系フィンランド人でしたが、フィンランド語の文学について議論しあう「エリザベト・サークル（サロン）」を開いていました。

強い女主人たる母の姿は、アイノのロールモデルとなりました。ただしアイノの方は、もっと控えめに力を使うほうを選びましたが。

1889年、アイノはジャン・シベリウスと出会いました。指揮者であった兄を通じてのことでした。

シベリウスに惹かれたアイノですが、彼女には他にも熱心な求愛者がいました。作家のユハニ・アホで、母エリザベトのサロンの常連でした。もっとも、アホはエリザベトとの不適切な関係も取りざたされており、アイノはアホの求婚には答えないまま放置していました。そして翌1890年、シベリウスと密かに婚約を交わします。

結婚したのは、その2年後の1892年のことでした。二人の娘に恵まれましたが、3人目の娘は2歳になるかならずで亡くなり、家族の心に深い傷を残しました。

支える妻、献身的な母

アイノとジャンの暮らしでものごとの決定権を握っていたのは、結婚した当初から夫のジャンのほうでした。結婚生活は決して穏やかなものではなく、アイノは芸術家肌の夫の生活スタイルにふりまわされることとなりました。

シベリウスは、作曲する時にはかなり集中し、そのことだけに没頭してしまうのです。そして作曲を終えると、仕事に没頭した時期とバランスをとるために、芸術家の友人たちと派手に騒ぎに出かけてしまうのでした。

シベリウスは大変な酒好きで、ヘルシンキ市内のレストランで友人たちと飲んで泥酔している姿を、飲み仲間だった画家アクセリ・ガッレン＝カッレラが2枚の絵に描いています。絵には「シンポジウム」（ここでは「男たちが酒を飲みながら議論をすること」を意味する）という画題が付けられ、そこに集

アクセリ・ガッレン＝カッレラ《シンポジウム》1894年
右端がシベリウス（グスタ・セルラキウス芸術財団蔵）

う人たちは「シンポジオン兄弟」と呼ばれました。

また、シベリウスは転居好きでたびたび引っ越しを繰り返したため、準備や片付けを任されるアイノは大変でした。混乱と忙しさが何年も続いたためでしょう、アイノは田舎に引っ越すことを夢見るようになったのです。

シベリウスは演奏旅行に出ることも多く、そのたびにアイノは娘たちと家に残されました。そんな時、画家である兄に招かれ、娘たちとともに夏のトゥースラを訪れたのです。トゥースラには、芸術家の友人が多く暮らしていました。ここでひと夏を過ごしたアイノは、家族や友人に囲まれて暮らすことがどれほど心地よく、幸せであるかを実感しました。田園であるトゥースラの環境も、子どもの成長には理想的に思えました。

トゥースラへの移住を考えるアイノの意見にシベリウスも最終的には賛同し、一家はトゥースラへの移住を決め、そこのアーティスト・コミュニティに加わることになりました。

トゥースラ・コミュニティへの転居

トゥースラ・コミュニティは当時ヨーロッパで流行していたアーティスト・コミュニティのひとつで、この潮流はフランスのバルビゾン村で始まったとされています。コミュニティの多くが田園地帯にありましたが、その理由は、美術界で外光派〔戸外で描き、自然光や空気感を表現する〕が広まったこと、自然主義への傾倒、若い芸術家たちのアカデミズムへの反発などが考えられています。ヨーロッパ全土に広まったのは、手つかずの自然や農民の素朴な生活が芸術家の心をとらえたためでしょう。

アート・コミュニティには短期滞在型と定住型があり、トゥースラは定住型のコミュニティでした。トゥースラ・コミュニティを研究しているリイッタ・コンティネンによれば、このコミュニティには文化エリートとして知られる男性が多く加わっていました。有名なところでは、シベリウスのほか、作家のユハニ・アホ、画家のペッカ・ハロネン、同じく画家のエーロ・ヤルネフェルト〔アイノの兄〕がいます。

そして芸術家の妻たちも、コミュニティで大きな役割を果たしていました。彼女たちは自分が望む生活を築き、コミュニティの一体感を作りあげ、互いに助けあい、芸術家の夫を支えていました。歴史の表舞台には現れませんが、アーティスト・コミュニティが維持できたのはこうした女性たちの存在があったからこそだったと、私は強調しないではいられません。

さて、シベリウス一家に話を戻しましょう。

夫シベリウスは仕事で頻繁に不在でしたから、トゥースラに移住する準備も、アイノが土地探しから新居建設の監督、その経費の支払いまで、ひとりでおこなうことになりました。新居の建設には多額の費用がかかり家計は逼迫《ひっぱく》していきましたが、不在がちのシベリウスは助けにならず、兄エーロをはじめ家族や友人がさまざまな手助けを買って出てくれました。エーロの妻サイミの力も移住準備を進める弾みとなりました。

シベリウス一家の新しい家は１９０４年に完成し、アイノにちなんで「アイノラ邸」と名付けられました。その家は一家にとって、そしてシベリウスの作曲活動にとって、天国のような場所になりました。シベリウスは毎日自邸の裏の森を散策し、自然からインスピレーションを受けて作曲をおこないました。

しかし、シベリウスの仕事が何をおいても最優先される点は、ヘルシンキにいた頃となんら変わりませんでした。

アイノと娘たちの日常は、常にシベリウスに左右されました。たとえば、シベリウスが作曲している時、休息している時には、家の中は完璧な静寂が求められました。娘たちは楽器を弾きましたが、父が家にいる時は演奏を許されませんでした。

アイノの忙しい日常も変わりありませんでした。家事をこなし、家計の管理をし、家族の服を縫いました。娘たちはヘルシンキでは家庭教師に習っていましたが、トゥースラに

トゥースラ・コミュニティで友人たちとくつろぐシベリウス一家

アイノラ邸のダイニングルームにて。左よりジャン・シベリウス、アイノ・シベリウス、アイノの兄で画家のエーロ・ヤルネフェルト

移ってからはアイノが教育も受け持つことになりました。

アイノはまた、アイノラ邸に置く家具（ソファやキャビネットなど）をデザインし、サウナの設計も手がけました。かつて木工の学校で学び、デザインと設計の知識があったからです。こういったデザインを手がけることは、学んだスキルを活かせただけでなく、不安定だった家計の助けにもなりました。

アイノの楽園

アイノラ邸には、アイノが特別な思い入れをもっている場所がありました。庭です。そこは彼女の場所、彼女にとっての天国でした。

引っ越した当初こそ小さな庭でしたが、最終的には母屋の前１００メートル四方に広がりました。

最初に作られたのは菜園でした。フルーツにベリー、野菜、ジャガイモ、アスパラガス。庭の隅の温室では毎年トマトができました。食べ物を自給自足できるのは、大家族で家計の苦しいシベリウス家では重要かつ不可欠なことでした。

アイノは庭づくりに没頭しました。ガーデニングの本や雑誌を熱心に読んでトレンドを追い、種を取り寄せ、作物が育つことに喜びを感じました。友人たちとは庭づくりの成果を手紙で報告し合いました。庭への愛が、友人たちとのきずなとなったのです。庭のどこに何を植えるかは、すべて彼女が決め、シベリウスが口出しすることはありませんでした。

アイノラの広い庭は、アイノの心を落ち着かせる場所であり、時には、アイノの涙を受け止める場所にもなりました。庭は、嬉しい思いも悲しい思いも丸ごと受け入れてくれるもの、アイノに寄り添い続けてくれるものだったのです。

アイノ・シベリウスは、周囲の人からは単に「著名作曲家の美しき妻」と見られていたかもしれませんが、実際はそれ以上の存在でした。家族のどんな問題も中途半端にすませようとはしませんでしたし、夫の世話をすることを名誉だと考えていたのです。

アイノはこう語っています。

「夫に寄りそって生きてこられたことが、幸せです。わたしがこうして生きてきたのは、無駄ではなかったと思えるのです。

決して楽なことばかりではありませんでした。自分の思いや願いを飲みこまなくてはいけなかったこともあります。でも、私はとても幸せです。この運命は天からの贈り物であ

温室のアイノ・シベリウス

り、祝福したいほどです。

私にとって、夫の音楽は神の言葉であり、その源は崇高なものです。その源の近くで生きることができるのは、すばらしいことです」

マイレ・グリクセン——芸術への情熱を手放さない

「お金は、誰かに喜びや助けをもたらすためにこそあるもの」（マイレ・グリクセン）

マイレ・グリクセンの名は、日本ではあまり知られていないかもしれません。しかし、家具工芸ブランド〈アルテック〉の創始者のひとりといえば、「ああ、建築家アルヴァ・アアルトの」と気づかれるかたもいるのではないでしょうか。

マイレ・グリクセン（1907–90）

20世紀初頭のフィンランドで裕福な家に生まれたマイレは、その資産をフィンランド美術や文化の育成へと、惜しみなく投じた人でした。美術というかたちで人々と悦びを共有し、そして、それを生み出す芸術家たちを援助するために、みずからのお金を使っていたのです。

美術を深く愛していた彼女は、モダンアートやフィンランド工芸の発展に尽力するとともに、優れた作品を次々に買い上げてはコレクションしていました。それをなし得たのは、マイレ自身に高い芸術センスがあったことに加え、コスモポリタンとして生き、西洋諸国の芸術家たちと広い人脈を築いていたからといえるでしょう。

裕福なパトロン一家に生まれて

マイレ・グリクセン（旧姓アールストロム）は1907年、ポリの裕福な家庭に生まれました。

彼女の祖父は海運業や製鉄所の経営で資本を築いた人で、国内でも屈指の実業家でした。一家は慈善活動に資金を提供する後援者として有名で、マイレの祖母は芸術の後援にも熱心でした。一族には芸術を学んだり、みずから芸術家になった人が数多くいました。

マイレの父は社交好きで、しばしば家で大勢の客をもてなしました。テーブルにはシャンパンがあふれ、美しく盛りつけられた料理が並びました。一方、マイレの母は家庭生活やごく親しい友人とのつきあいを大切にしていて、家の中を居心地よい場所にすることに心を配り、いつも花を美しく飾っていました。

マイレは美に対する感覚と関心を、家族やこういった家庭環境から自然に身につけていきました。

マイレが芸術の世界に強い興味を抱くようになるのは、二つのきっかけがありました。ひとつは画家マグヌス・エンケル（象徴主義的な題材を描くほか、自画像や女性の肖像を多く描いた）のモデルを務めたこと、もうひとつは1925年、母と訪れたパリでの経験でした。特に後者はその後のマイレの生き方に大きな影響をもたらしました。

その時代、芸術を学びたいと願う人びとにとって、パリは最高の都市でした。マイレは有名な美術アカデミーであるアカデミー・コラロッシをはじめ、いくつかのアカデミーで学びました。当時のパリは「狂騒の10年」と呼ばれる時代で、マイレは時代の雰囲気をどんどん吸収していきました。

フィンランドに帰国した時、マイレは外見も、そして内面も変わっていました。ファッショナブルな髪型と服装はいかにもコスモポリタンぽくなり、心には芸術を真剣に勉強する決意を秘めていました。マイレはフィンランド美術協会のデッサンスクールで本格的な美術を学び始めました。その後何度もパリを訪れたのも、さまざまな美術アカデミーで学ぶためでした。

しかし1926年、マイレはアールストロム社で働くハリー・グリクセンに出会います。

彼はスポーツに熱心で文化にも興味をもっており、さらに社内では出世頭ですでにかなりの財産を持っていました。1928年にパリに滞在していた時、マイレは芸術家になろうと真剣に考えていましたが、グリクセンがパリを訪れたことで、彼女の人生は大きく変化しました。

父親の反対を押し切って二人は婚約し、同年7月に結婚しました。

当時のフィンランドの上流家庭では、結婚した女性が芸術家をめざすことを良しとしていませんでした。許されたのは、あくまで趣味としてアートを続けるか、芸術の後援者になることでした。

マイレは、3人の子どもの育児のあいまにも、芸術と絵画に関わることのできる時間を見つけていきました。

そのひとつが、「フリー・アートスクール」の設立です。

1935年に設立されたこの学校は、マイレのアイディアが盛りこまれたものでした。まず、モダニズム美術を学べる内容にしました。それは閉塞感にみちたフィンランド美術界に風穴を開けるためでした。また、「フリー」という学校名が示すように、学生が自由なペースで学べるようにしました。他の美術学校の授業があわなかった学生の受け皿的存在として、後に紹介するトーベ・ヤンソンもここで学んでいます。

学校には多くの芸術家が教師として迎えられ、個人的にもグリクセン家とつき合うようになりました。そのひとりが美術史家のニルス＝グスタフ・ハールで、芸術後援者としてのマイレの人生に大きな役割を果たすことになります。

4人の創業者とアルテック

アルテックは1935年、アイノ、アルヴァのアアルト夫妻と、マイレ、ハールの4人により、「家具を販売するだけではなく、展示会や啓蒙活動によってモダニズム文化を促進すること」を目的に、ヘルシンキで設立されました。翌1936年には、ギャラリーを併設した販売スペース「アルテックストア」がオープンします。

この計画にマイレを巻き込んだのは、ハールです。ハールは、フィンランド芸術が停滞し内向きになっていることを危惧し、新風をもたらそうと、マイレにも最初から出資者として加わってほしいと思っていました。

当時のマイレの関心はもっぱら美術に向いており、家具や工芸デザインにはさほど興味をもっていなかったのですが、「この新しいスペースはアートギャラリーも兼ねている」とのハールの説得に、マイレも心を動かされていったのです。

創業当時のアルテック　©Artek Collection / Alvar Aalto Museum

アルテックという社名は「Art（芸術）」と「Technology（技術）」を掛け合わせた造語です。アルテックの創業者たちは、二つの領域の融合があらたな実を結ぶことを信じていました。

アルテックは、多くのアーティストやデザイナーが出会う場ともなりました。アアルト夫妻、マイレ、ハールを創業者とするアルテックは、彼らのネットワークを駆使して多くのプロジェクトを手がけました。レストラン・サヴォイ、アールストレム社のインテリア・プロジェクトはその一例です。

彼らが手がけたうちで最も評価の高いプロジェクトはグリクセン一家の邸

宅で、ヘルシンキから260キロ離れたヌールマルクに建てられ（1939年に完成）、マイレにちなんで「ヴィラ・マイレア」と呼ばれました。家を設計したのはアアルト夫妻で、インテリアはアルテックの家具で構成されています。周囲の自然に溶け込み、まさに完璧な芸術作品となりました。

ヴィラ・マイレア

センセーショナルな美術展

1939年1月12日、ヘルシンキの地元紙『ヘルシギニオン』にこんな記事が載りました。

「イブニングガウンで着飾った客が、クンストハレに次々と訪れる。そこは熱気にあふれており、にぎやかなざわめきと美しい音楽がもれ聞こえるのだ」

クンストハレでおこなわれていたのは、アルテックが企画した現代フランス絵画展でした。展示されたのはパブロ・ピカソ、ジョルジュ・ブラック、フェルナン・レジェなど、著名画家からなる85点の絵画です。クンストハレでおこなわれたのは、アルテックのスペースでは展示しきれなかったためでした。世界的なアーティストの作品を招いての大規模な展覧会は、フィンランドにおいて、まさにさきがけとなるもので、この規模の作品を集められたことは美術評論家たちにとっても大きな驚きでした。

展覧会の成功はアルテックの勝利であると同時に、マイレ個人の勝利でもありました。なぜなら、展示された作品の多くは、彼女の友人であるアーティストたちによるものだったからです。

パリを何度も訪れているマイレは、芸術とふれあうなかで、多くの世界的芸術家と知り合っていました。たとえば、フェルナン・レジェ、パブロ・ピカソ、アレクサンダー・カルダーなどです。

アルテックの企画展覧会の成功のカギとして、マイレの多彩な人脈があったのです。

この展覧会が開かれた1939年当時、フィンランドの政情は不安定で、今にも戦争が勃発するという状況でした。実際、展覧会初日から10か月後には、フィンランドは冬戦争に突入することになります。そんな深刻な情勢も、マイレの芸術への熱意を止めることはできなかったのです。

アルテックは、第二次世界大戦が終わってわずか2年後の1947年にも、大きな展覧会を開いています。その時にはアンリ・ド・トゥールーズ＝ロートレックやマルク・シャガールの作品も展示されました。やはり、マイレの人脈が活かされたのです。

目利きと直感

マイレにはアートを見極める優れた目が備わっていました。

彼女が最初に所蔵したのは、本章でも紹介したヘレン・シャルフベックと、ティコ・サッリネン〔表現主義の画風でフィンランドの風景や人びとを多く描く。キュビズムの「ノヴェンバー・グループ」の創立メンバーでもある〕の絵画でした。また、フリー・アートスクールで教鞭《きょうべん》をとっていたサム・ヴァンニ〔モダニズムの影響下で、純粋な本質を色とフォルムで表現した。一時期トーベ・ヤンソンと恋愛関係にあった〕やウント・プサなどの作品も買い求めました。

彼女が大切にしたのは、色彩でした。まだ独身だった頃、アールストロムの自宅に飾られていた陰鬱な色彩の絵よりも、明るい色彩のマグヌス・エンケルの絵に惹かれたものでした。

作品を買えば買うほど、マイレは絵画を見る目に自信を持つようになりました。以前は抽象芸術については自分の目利きに確信を持てずにいましたが、しだいに見る目を養っていきました。マイレ自身の言葉を借りれば、作品が買うに値するかどうかは、「おなかの底で感じる」のだそうです。

マイレは、フィンランドの美術界に大きな影響力をもち、同時に文才ある作家でもあり、人びとの心をつかむ言葉で語ることができました。自分が最も思い入れのあるテーマであるモダニズムについて語り、人びとの日常生活に良質のデザインが取り入れられるように、デザインについても熱心に語りました。

時としてマイレが書く記事は、激しい議論を巻き起こしました。フィンランドの芸術の現状について、誰も公には語らなかった真実を語り、時代を先取りしすぎていたからです。1947年に掲載された最初の評論「フィンランドの工業製品の醜さと美しさ」は、題名は挑発的ですが、内容はしっかりと事実に基づいていました。

晩年のマイレは、現代美術館を故郷ポリに建設しようと尽力しました。1981年にオープンしたポリ・アート・ミュージアムのコレクションの土台となったのは、マイレの所蔵品でした。生涯にわたって芸術を後援し続けたマイレの遺産は、フィンランドのさまざまな場所に今も残されています。

アルミ・ラティア——時代を作ったマーケティング・センス

「私たちは、金銭では計れない資本を持っている。何が資本になり得るかを知っているし、それを自らの力で実現できる」（アルミ・ラティア）

〈マリメッコ〉といえば、日本でもポピー柄のモチーフが人気ですが、デザイン、ファブリックにとどまらず、ライフスタイルを提案し続けているフィンランドのブランドです。そのマリメッコを立ち上げたのがアルミ・ラティアです。

彼女は自らデザインすることはあまりありませんでしたが、その優れたマーケティング能力で、人の心をつかむ製品を提供し続けました。

アルミ・ラティア（1912−79）

たびかさなる倒産

アルミ・ラティア（旧姓アイラクシネン）は、1912年にパルカヤルヴィに生まれました。1944年の継続戦争の敗戦後、大部分をソ連領として割譲されてしまった地域です。アルミが経営とアパレル産業の世界に足を踏み入れたのは、1935年、ヴィリヨ・ラティアと結婚してヴィープリで織物工場を経営し始めた時でした。

インテリアやじゅうたんを主製品にしていたこの工場は、4年後の1939年に火災に巻きこまれ、操業停止に追い込まれてしまいます。工場は焼け、国はソ連と冬戦争に突入して、一家はヴィープリを離れなければなりませんでした（ヴィープリも今はロシア領になっています）。この年、アルミは最初の子どもを流産してしまいます。

ヘルシンキに居を移すと、夫のヴィリヨは、今度は防水性のある合成繊維の製造会社を設立しました。一方のアルミは、夫を手伝いながらも、広告代理店で働く道を選びました。エルヴァ・ラトヴァラというその広告代理店で、アルミはコピーライターとして働き、「製品を通じて、いかにストーリーを組み立ててみせるか」というマーケティングの基本を知りました。

アルミは、マーケティングが夫のビジネスにも役立つだろうと考え、興味を持って学びました。夫のヴィリヨが製品に防水性のある繊維を選んだ際も、マーケティングの発想からその方がニーズが高いとアルミがアドバイスしたのです。

しかし販売は満足のいくものではなく、夫の会社は深刻な財政難に陥り、1949年にとうとう破産申請しました。同じ年、アルミも広告代理店を解雇されてしまいました。

アルミはビジネスの才能に恵まれ、革新的なアイディアが思い浮かぶ人でしたし、活発なタイプで顧客からも好かれていたのですが、問題は、彼女が自分の思うがままに動きすぎて、スケジュールや納期を守れなかったことでした。

しかしアルミは、そこでくじけて終わる女性ではありませんでした。むしろこの時から、アルミの本領が発揮されはじめたのです。

「私は独学のCEO。誰からもビジネスを教わってはいない」

アルミと夫のヴィリヨは、今度はカーペット専門の織物会社テックス・マットを設立し、アルミがそこのCEOに就任しました。ただ残念なことに、こちらの会社も見通しは芳しくありませんでした。材料コストが高すぎたのです。

しかし、会社はとりあえずそのまま操業し続けることとして（実際1960年代まで操業し続け、最後はマリメッコに吸収合併されています）、ヴィリヨとアルミは倒産によって安く売りだされていた別の物件を新たに買い取りました。染色の生産ラインが残っていて、ファブリック製造会社を起業したいというアルミたちの希望にぴったりだったからです。その生産ラインをそのまま用いて新会社を立ち上げ、社名を〈プリンテックス〉と名づけました。

当時のフィンランドはまだ戦後のソ連への賠償物資を支払い続けており、国は物資不足に苦しみ、配給制が敷かれていました。材料の生地もなかなか手に入らないなか、アルミたちはオイルクロス〔表面を撥水加工した生地〕へのプリンティングを試みることにしました。

ヴィリヨはプリントのデザインについて「花柄をプリントしたらどうか」と提案しましたが、アルミは却下しました。花柄のファブリックを製造販売しているメーカーは他にもたくさんあり、マーケティング理論からいえば他社との差別化を図るべきと考えたからです。

しかし、アート&クラフトスクールで開かれていたファブリックプリント・コンテストで学生マイヤ・イソラの花柄デザインを見たとたん、アルミはそれを採用しました。イソラはその後、マリメッコのアイコンとなるウニッコ〔ポピーの花柄〕など、人気のテキスタイルを数々生み出していきます。

アルミはビジネスに関しての正式な教育は受けていませんが、ビジネスに対する自分の直感は信頼していました。加えて、彼女には広いネットワークもありました。直感とネッ

「ウニッコ」（プリント・デザイン：マイヤ・イソラ） Courtesy of Marimekko

トワークによって、アルミは自分のもとで働くデザイナーを次から次へと発掘していきました。

「それよ、〈マリメッコ〉だわ！」

プリンテックスが扱うのは生地のプリントまででしたが、アルミは、その生地で服を作って売ればいいと考えつきました。そこで、ファッションデザイナーのリイッタ・インモネンとともに、アパレルメーカーを設立しました。

PRのためにファッションショーをおこなうことにしたものの、フィンランドのファッションシーンでは新参者であるため、会場を見つけるのも簡単ではありません。そこでアルミは、格式高いホテルであるカラスタヤトルッパでファッションショーを開催することに決めました。無名の会社なのでホテル側は巨額の使用料を要求してきましたが、アルミはそんなことは気にしませんでした。

ところが、ひとつ大きな問題が残っていました。ファッションショーの前日になっても、会社にはまだ名前がついていなかったのです。どのように社名が決まったかについてはさまざまな話が伝わっていますが、よく言われているのは次のエピソードです。

社名にふさわしいのは競合他社と並んでめだつものだと考えたアルミは、「服」「スカート」「スーツ」など、アパレルに関連する言葉をいろいろ口にしていました。一方ヴィリヨは、女の子の名前カレンダーをめくって名前を読み上げていました。

アルミが言いました。

「mekko（メッコ）〔フィンランド語で「ドレス」の意〕」

ちょうどその時、ヴィリヨが言いました。

「Mari（マリ）」

そのとたん、アルミは叫びました。

「それよ、Marimekko。〈マリメッコ〉だわ！」

ファッションショーは大成功をおさめ、観客はそのすばらしいドレスがどこで買えるのか、騒ぎはじめました。こうして、マリメッコとその創始者アルミ・ラティアの伝説が始まったのです。

人気と裏腹の業績不振

マリメッコはすばらしいスタートを切りましたが、現実は華やかさとはほど遠いものでした。創業当時のマリメッコには、店舗もなく裁縫師もいませんでした。ラティア家の自宅には織機が2台置かれ、子どもの服やおもちゃに混じって反物や糸があちこちに置かれて、まるで倉庫のようでした。

また、マリメッコが起業した1950年代初頭のフィンランドは、いまだ物資に乏しく、ビジネスを起ち上げるのに最適な時ではありませんでした。1952年にはヘルシンキでオリンピックが開かれ、国内企業はマリメッコも含めオリンピック景気に期待をかけたのですが、それも期待外れに終わりました。

マリメッコの経営状況が芳しくなかった理由のひとつは、季節によって売上が左右されたことでした。とうとうマリメッコでは、裁縫師をたった一人を残してほとんどのスタッフを解雇しなくてはならなくなりました。しかし幸運なことに、残った従業員たちには強い意志がありました。彼らは、給与の受け取りが遅延しても文句をいいませんでした。一方アルミも、従業員のすばらしい働きぶりを理解していたので、自分たち夫婦は無給でも、従業員には給与を支払いました。

やっと1950年代半ばになって経営は安定に向かいはじめ、それでいちばん苦しい時を乗り越えたアルミとヴィリヨは安堵しました。

この時期のマリメッコにとって、陶芸家のヴォッコ・ヌルメスニエミをデザイナーとして雇い入れたことは、大きな転機となりました。ヌルメスニエミがデザインを手がけたファブリックは、マリメッコの成功に大きく貢献していきました。たとえば、1956年に発表したヨカポイカシャツは今も人気ですが、使われているファブリック「ピッコロ」は、ヌルメスニエミのデザインです。

最初はデザイナーとして雇われたヌルメスニエミですが、その役割はどんどん多岐にわたっていきました。たとえば、ヌルメスニエミはアルミに、シャネルっぽい服を着るのをやめてヌルメスニエミがデザインした服を着たほうが、マリメッコとプリンテックス両社のイメージアップにつながると説得しました。

フィンランドの新聞はマリメッコに好意的で、新製品が出るたびに記事を書いてくれましたが、アルミたちは材料のコットンを入手するのにも年中四苦八苦していました。1956年のゼネストや1958年のスウェーデン進出失敗も大きな痛手となりました。さらに夫婦は、結婚生活にも困難を抱えるようになっていました。

にもかかわらず、1958年のマリメッコの業績は過去最高となりました。テキスタイル・デザイナーとして、アンニカ・リマラとマイヤ・イソラを起用したからです。リマラがデザインした「タサライタ」（ボーダー柄）は飛ぶように売れ、イソラがデザインした「ウニッコ」（ポピー柄）は、マリメッコの定番プリントとなりました。

デザインのすばらしさが、不況の影響を振りはらうのにありあまるものだったのです。

マリメッコを着たジャッキー・ケネディ

1959年、アルミはアメリカのデザインリサーチ社との協同事業を起こしました。マリメッコのコレクションがアメリカのファッション界に新風を吹き込むものとして好評を博した一年後、デザインリサーチ社のケープコッド店にひとりの著名人が現れました。ジョン・F・ケネディ大統領候補夫人、ジャクリーヌ・ケネディです。ファッション・アイコンとして名高いジャッキーが、ヌルメスニエミがデザインしたマリメッコのドレスを8着も購入したのです。

そして1960年12月、マリメッコのドレスを着たジャッキーが、『スポーツ・イラストレイテッド』の表紙に掲載されました。クルーザーに乗るケネディ夫妻を写したもので、ジャッキーは赤い無地のシンプルなノースリーブを身につけていました。

雑誌が発売されるや、アメリカでのマリメッコは大ブレイクしました。すぐにカナダ、デンマーク、スイスなどの新たな市場が開け、スウェーデンでのビジネス展開も成功しました。

アルミのビジネスセンスが、ようやく実を結んだのです。

「怒りにかられるなんて、間違っている」

1977年、アルミ・ラティアは引退しました。もう身をひく時期だと思ったのです。そう決断した当初は「気持ちが軽くなったわ。本を読んだり、友人と過ごす時間が増えるわね」と語った彼女ですが、やがてこんな言葉を記すようになりました。

「一人ぼっちでうんざりしている。誰も電話をかけてこないし、映画に誘われることもない。散歩に行こうと言う人もいない。みんな、私が忙しすぎるとでも思っているのか」

アルミは今やかなりの有名人であり、引退してなおメディアから国民的アイコンと呼ばれていました。にもかかわらず、彼女自身は孤独でした。

会社を世界的ブランドへと育て上げた年月が、アルミに犠牲を強いすぎたのです。

アルミはいつもアイディアにあふれていましたが、激情型で、気まぐれなCEOでもありました。社員を解雇した翌日でさえ、何事もなかったかのような顔でオフィスに現れました。

デザイナーのヌルメスニエミとのコラボレーションも、芸術家肌の二人ですから、いつもうまくいったわけではありません。徐々に衝突が多くなり、ヌルメスニエミは１９６０年にマリメッコを去りました。

ずっと後になって、アルミはインタビューで「自分は癇癪持ちで、衝動的に行動してしまう傾向にある。それは決して誇るべきことではない」と答えています。

「みなさんは、人を愛してくださいね。以前の私は、怒りの衝動にかられてばかりでした。でもようやく今では、私が腹を立てて怒り狂うのは、誰かのせいではなく、私自身のせいなのだとわかるようになりました。

怒りにかられるなんて、間違ったことですよね」

それでも、アルミはバイヤーを魅了し説得することができ、社員たちに「力を出し切ろう」と思わせる何かをもっていました。


前にも述べたように、アルミは経営学を学んだことがないＣＥＯでした。しかし、実家が家業を営んでいたことからビジネスの基本を身につけていましたし、経営者として良い時も悪い時も経験してきました。創造力にあふれウィットにも富んでいて、アイディアをあまりにたくさん出すので、夫のヴィリヨがストップをかけなくてはならないほどでした。

アルミは成功するにはマーケティングが大切だと理解し、売上を伸ばすためにできることは何でも粘り強くおこないました。そしてなにより重要な点は、マリメッコのあるべき姿について、アルミが明確なビジョンを持っていたことです。

「マリメッコは、活動的で健全な人びとのために、そして、ありきたりのものはもうやめようと考えている人びとのために、あります。〈センスがいい〉という以上に、〈勇気がある〉という製品を送り出すのが、マリメッコなのです」

デザイナーのヴォッコ・ヌルメスニエミは、アルミ・ラティアと決別して社を去ったにもかかわらず、のちにふり返って、アルミをこう称しました。

ウニッコ柄のワンピース（プリント・デザイン：マイヤ・イソラ） Courtesy of Marimekko

「自分が知るなかで、最もマーケティングに長けた人だった」と。

アルミはインスピレーションのある言葉を数多く残していますが、最後にひとつだけ記しておきましょう。

「何かを成し遂げようとする時、それは大きく成し遂げられるべき」

トーベ・ヤンソン——情熱を持ち、自由に、人生を楽しむ

「自由より尊いものはない」（トーベ・ヤンソン）

トーベ・ヤンソンは、日本では「『ムーミン』の作者」として知られていますが、本業は画家であり、油絵を発表するかたわら、雑誌に挿絵や風刺画を提供していました。

トーベ・ヤンソン（1914−2001）
©Eva Konikoff

トーベをひと言で表現するならば、自分の選択を他人がどう思うかについてあまり気にせず、自分の望むように生きた人でした。

彼女の考え方は社会の価値観に影響を与えましたし、彼女の作品は厳しい戦時下での人びとの恐怖や思いを伝えました。一方で、彼女の漫画や小説は人びとの目

を過酷な現実から逸らすきっかけともなり、「明日はもっと良くなる」という気持ちをもたらしたのです。

「冬ごもりのような暮らしよ、まるで熊みたいにね」

トーベ・ヤンソンは1914年、彫刻家の父ヴィクトルとグラフィック・アーティストの母シグネの長女として生まれました。母シグネの膝の上で、幼いトーベは絵を描くことを覚えました。母と娘はともに絵を描きながら、強い絆で結ばれた二人だけの世界を持っていました。

トーベは両親を見て育つうちに、芸術家同士の結婚は難しく、夫婦が平等の域に達するのはほぼ不可能らしいと感じていました。20世紀初頭、女性のアーティストは結婚したら芸術家としてのキャリアをあきらめなければなりませんでした。夫の世話に家の切り盛り、子育てをすべて妻ひとりでこなす当時としては、それがあたりまえの選択でした。シグネは自身の芸術家としての野望は捨て、夫のキャリアの実現の手助けをしたのです。

シグネはよくこう言っていました。

「一家にひとり彫刻家がいれば、それでもう十分よ」

しかしシグネはイラストレーターとして社会に認められており、雑誌や出版社に挿絵を描いて家計の足しにしていました。トーベがイラストレーターとしてデビューしたのも、シグネが描いていた雑誌からです。シグネは夫に献身的でしたが、その一方で、女性が外に出て働く必要性を彼女なりのやり方でトーベに伝え続けました（トーベはのちに「一生学んだうちの最も大切なことだった」と述べています）。幼いトーベが見た働く母の姿が、彼女の勤労倫理の形成に大きな影響を与えたのは間違いありません。

一方トーベと父ヴィクトルの関係は複雑でした。愛情を抱きながらも反発しあってしまうのです。二人の仲はまるでジェットコースターのように浮き沈みを繰り返しました。ただ少なくとも芸術という側面においては、ヴィクトルは娘の手本となる人でした。芸術は壮大なものであり、真剣に取り組まなければならないと、身をもって教えてくれたのです。ヴィクトルはトーベを信頼していて、家にある彼の彫刻のほこりを払うのをトーベだけに任せていました。しかし、女性の社会的地位や恋愛観といった話になると、二人は激しく口論しました。父娘のぶつかり合いがやわらぐには長い年月がかかりました。

ヴィクトルには彫刻家としての才能があり、輝かしいキャリアが期待されていました。しかしフィンランド内戦ののちに人が変わったようになってしまいました。墓石を彫ることで収入は得られましたが、その仕事は彼の心を明るくするものではありませんでした。

ヴィクトルは戦友たちと集まっては、もぐりの酒場（当時フィンランドでは禁酒法がしかれていました）で戦争の思い出や人生を語り、深酒をかさねました。ヴィクトルの心は戦争の記憶にしばりつけられ、戦友と会えば会うほど気持ちが家族から遠ざかっていったのです。

後年（1942年）トーベはヤンソン一家の当時の肖像画を描いていますが、きわめて興味深い作品となっています。

トーベを中心に、家族の力関係、それぞれの異なる政治的信念が象徴的に描かれています。家庭生活、父の芸術だけでなく、父と母との力関係までもが如実に表されているのです。

芸術家への夢

就学年齢になると、トーベはヘルシンキの共学校で学び始めました。しかし授業は好きではなく、成績も誇れるものではありませんでした。描く絵も、よく笑いの種にされました。ただし文才だけは誰もが認めていたようで、自分で冊子を作って学校で販売したり、商業誌にイラスト付きの詩を十代の後半から発表したりしています。

トーベは、ずっと幼い頃から、将来はアーティストになると決めていました。ところがある日、教師のひとりが、トーベに向かってこう言い放ちました。ふきげんそうに、鼻を鳴らしながら。

「お嬢さん、あなたは決して画家にはなれませんよ」

なぜそんなことになったかというと、教師が絵の題材に『カレワラ』ばかり与えるので、生徒のトーベが批判したのです。トーベからすれば、『カレワラ』なんてもう古い、といったところでしょう。

トーベにとって、残された道はひとつでした。学校を辞めて、アートの勉強を続けることです。

想像してみてください。自分の夢を実現するために、学校を辞める決意をした少女のことを。固定収入もないまま、アーティストとして、先行きの見えない人生を選ぼうとするその大胆不敵さを。トーベは相手が教師であろうと誰であろうと平然と批判しましたし、「決して画家にはなれない」と言われても夢は実現できると信じ続けたのです。

多才で大胆不敵、そして頑固。トーベにはそんな形容詞が似合います。

1930年、共学校を自主退学したトーベは、母シグネの母校であるストックホルム工芸専門学校で学び、卒業後は父ヴィクトルの母校であるフィンランド芸術協会の美術学校アテネウムに入学しました。ただしアテネウムは居心地が良くなかったらしく、休学を経て夜間コースに入り直しています。

そんなトーベのもとに、マイレ・グリクセンがフリー・アートスクールを開校したというニュースがもたらされました。トーベはそれを耳にするや大興奮し、アテネウムを中退してフリー・アートスクールに入学しました。そこの教師陣が教えるモダニズムやアートに関する国際情勢についてトーベは大いに感化され、夜間コースからすぐに専門コースに移りました。学期の合間にはフランス、ドイツ、スウェーデンを旅して各地の美術館や展覧会を訪れ、目にするものすべてを吸収しようとしました。

トーベには、自分がどんなアートを作りたいか、彼女なりの考えがありました。彼女は古いやり方に、つまり当時王道とされていたやり方や題材にしばられたくないと考えていたのでしょう。

「自由より尊いものはない」

彼女のこの言葉は、時を超えて、私たちの心に響くものとなっています。

では、トーベ・ヤンソンがフィンランド芸術にもたらした衝撃とは、何でしょうか。まず挙げるべきは、風刺雑誌『ガルム』に寄せた知的な風刺作品の数々です。それはたとえば、赤ん坊のように駄々をこねるアドルフ・ヒトラーを描いたイラストでした。恐れ知らずの若い女性が発表したこの風刺画は、人びとの気持ちを力づけるものでした。

『ガルム』1938年10月号表紙。「もっとケーキ!」と泣くヒトラーに、困り顔のおとなたちが、さまざまな地域の名が書かれたケーキを差し出す ©Tove Jansson Estate

トーベは、ヒトラーを「ケーキをもっとちょうだいよぉ」と駄々をこねる赤子として描きました。そうやって風刺することで、戦争のまっただなかで苦しむ人びとを元気づけ、戦争がもたらした恐怖や喪失をやわらげるためのはけぐちとなったのです。

　こういった姿勢に共感する人びとはトーベの周囲にごくあたりまえにいて、彼女は生涯にわたってそれを絵というかたちで発表し続けました。のちにトーベは語っています。

「ヒトラーとスターリンを描くのが好きでした。だって、どれだけ下品に描いたっていいんですもの」

　彼女の風刺画は、商業的だと批判されることもありましたが、トーベは父のヴィクトルが褒めてさえくれれば、世間の評価は気にしませんでした。

「当時、絵画を描く行為はすばらしいことだとされていました。ところが風刺画を描いた途端、商業主義に魂を売り渡したと非難されます。理解しがたいのですが、実際に私に電話をかけてきたり、面と向かったりして、こう言うんです。『魂を売り渡した』って」

もうひとつの衝撃は、彼女が描いた自画像でした。それは彼女自身の人間としての、そして画家としての成長を物語っています。

トーベ・ヤンソン《スモーキング・ガール（自画像）》1940年 ©Tove Jansson Estate

1936年に描かれた自画像は、髪を顎のところで切りそろえたトーベが、こちらに向かってわずかに微笑んでいます。この絵のトーベは、若者らしい明るい色合いの服を着ています。背景は心地よい色合いの壁で、コートやジャケットが玄関先にかけられているのが見えます。

別の自画像では、トーベは絵を描く時の制作着を着ています。

背景は壁で彼女の絵がたくさん架けられていますが、彼女自身は無表情で、没個性的な人物として描かれています。

4年後の1940年の自画像では、背景は青くぼかされ、ショートヘアのトーベが煙草をくわえ、少し反抗的な表情を浮かべています。当時女性が煙草を吸うのはスキャンダラスなことでした。

どれもまるで過剰な自意識を持っている自分を楽しんでいるかのようで、反抗的ととらえられようが、自分が好きなように生きていくんだという決意表明のようにもみえます。

トーベは、歳をかさねても自画像を描き続け、自己イメージを検証し続けました。

ムーミン誕生

1939年、トーベは閉塞感を覚えていました。戦争の影が創造性に悪影響を与えていたのです。

そうしたなか彼女は、「子どもの頃のおとぎ話に戻ってみたらいいのでは」と気づいたのです。

「1939年の冬、私はすっかり行きづまっていました。絵を描くことは無意味なのではないかという考えに取りつかれてしまったのです。

《ムーミンたちとの自画像》1952年
ムーミンキャラクターズコレクション
© Moomin Characters™

　ところが突然、『むかしむかし、あるところに』で始まる物語を書くことに、わくわくした気分を覚えたのです。

　シリーズもののおとぎ話にしようと思ったのですが、プリンスやプリンセス、小さな子どもが出てくる物語にはしたくありませんでした。そこで私の漫画から小憎らしいキャラクターを持ってくることにしました。そいつには、〈ムーミン〉と名づけました」

　その物語とイラストは、9冊の本、4冊の絵本（うち1冊は写真絵本）、そしてコマ漫画へと発表の場を広げていきました。

　トーベと「ムーミン谷」の物語については、多くの学術的研究がなされていますが、私自身は、アーティストであるトーベが、挿絵も含めて自分自身のすべてを注ぎ込んで作り上げたこの物語は、彼女自身の物語でもあると感じています。

読めば、悲しみにそっと慰みが与えられ、必要な時には元気をもらえるのです。ですから私は、忙しさに自分を失いそうになった時、ムーミンの本を読み返します。すると、心を落ち着かせてくつろげるような空間が、私の周りに生まれてくるのです。

そう、まるで、しゃぼん玉の中にいるような。

トーベ自身はこう言っています。

「楽しんでもらうために書いているのよ、教育とやらのためではなくてね」

「でも今の私は、ある女性に狂おしいほど夢中なの」

トーベの恋愛についても、記しておく必要があるでしょう。

1946年、トーベはパーティで運命的な出会いをします。ヴィヴィカ・バンドラーという女性に一気に魅了されたのです。

トーベは自分に芽生えた気持ちに純粋に驚きます。なぜならその時トーベは、アトス・ヴィルタネンという男性と交際していたからです。新しく見つけた愛は、「この感情は今までどこにあったのか」という疑問を、トーベに投げかけました。トーベは自分の気持ちについて、こう思いめぐらしています。

「なんという奇跡なんだろう。

知りつくしていると思っていた古い家の中に、新しいすてきな部屋を見つけて、その部屋に入ってみると、すべてが愛おしくて、どうして今まで知らなかったんだろうって思うような——そんな感じ」

トーベは恋におちたのです。

トーベの選択はセンセーショナルなものとして、世間で物議をかもしました。しかしトーベは恋に夢中で、気にしていられません。彼女にとって、愛以上に大切なものなんてなかったのです。

もっとも、ヴィヴィカとの恋愛は長続きせず、ろうそくのように一時的に燃えあがり、そして燃え尽きました。しかし、恋愛関係は終わったものの、トーベとヴィヴィカは生涯友人であり続けました。


1955年、トーベは生涯にわたって愛する女性に出会います。トゥーリッキ・ピエティラです。二人の出会いは、実に「トーベらしい」ものでした。

とあるクリスマス・パーティで、トーベはトゥーリッキにダンスを申し込みます。しかし当時は、アーティストの間でさえ同性愛はスキャンダラスとされていましたから、トゥーリッキはその誘いを断りました。

しかし、物語はそこで終わりませんでした。トゥーリッキはポストカードに思いを綴って送り、アトリエにトーベを招待したのです。トーベはトゥーリッキのアトリエを訪れ、そこから二人の愛の物語がはじまりました。

その時の気持ちを、トーベはこう記しています。

「たどり着くべき場所に、ようやくたどり着いた」

トゥーリッキはトーベ同様に芸術家一家の娘でした。彼女の兄レイマとその妻ライリはどちらも建築家で、トーベとトゥーリッキのために夏の家を設計しました（ちなみにレイマとライリは後年タンペレ中央図書館を設計しています。ここにはムーミン谷博物館が２０１６年まで併設されていました〈現在は移転〉）。その家はフィンランド湾に浮かぶ小さな孤島クルーヴハル島に建てられ、トーベとトゥーリッキは毎夏をそこで過ごしました。

二人はハンドクラフトという共通の趣味を持ち、ともに旅をし、クルーヴハル島で過ごす時間を愛しました。トゥーリッキはとても穏やかな人柄で、煩雑な仕事のスケジュールに追われるトーベをずっと支え続けました。

トーベとトゥーリッキは同性愛の先駆者で、全世界に向けて自分たちの愛をオープンにしました。トーベは、トゥーリッキをパートナーとして伴い、日本、アメリカ、ヨーロッパを旅しました。

当時のフィンランドは同性愛に対して今ほど懐の深い国ではなく、1894年以降、法律で禁止されていました。犯罪とみなされ処罰の対象であっただけでなく、精神的疾患のひとつとも考えられていました。この誤った認識が公式に改められるのは、1981年になってからです。現在のフィンランドは、平等という概念を徹底する点では世界をリードしているのですから、今では信じがたいことです。

自分たちの望むままに生き、その関係を隠さなかったトーベとトゥーリッキも、クルーヴハル島を離れて暮らす冬期には同じアパートの別々な部屋に暮らしたのです。世間の目をまったく気にしないことはやはり難しかったのかもしれませんが、実は屋根裏には秘密の抜け道があって、互いの部屋を行き来できました。

トーベとトゥーリッキは、当時のレズビアンやゲイのカップルにとって、つまり自分たちの性的志向に悩み、自らを蔑み、苦しい思いをしていた人たちにとって、希望の光となりました。二人はいつも前向きで、その空気感は周囲に広がり、そしてまわりの人たちを、「愛があれば、あらゆる障害は乗り越えられる」と信じる気にさせたのです。

トーベ自身はこう言っています。

「私はあなたを愛している。

その愛は、心をとらえて放さないと同時に、心をとても穏やかにしてくれる。

どんな未来が私たちに待ち受けていても、私は何も怖くない」

トーベ・ヤンソンが遺したもの

トーベは晩年、自分が死に至る病に侵されていると知った時ですら、前向きな精神を絶やさず、好奇心すら持って状況を眺めていました。ある取材で、「天国で過ごすことになる永遠の時について、どう思うか」と聞かれた際には、こんなふうに答えています。

「私も興味津々なの。きっと驚くべきことが待っているわね」

晩年のトーベは、自分自身の人生をふり返って、こう語っています。

自分の人生は骨が折れるものではあったけれど、エキサイティングで、彩り豊かなものだったと。そして、仕事と愛が、自分にとって最も大事なものだったと。

人生でいちばん大切なのは仕事で、その次が愛。

トーベにとって、仕事と愛は密接に絡みあったものでした。彼女が多作であったのもこれで納得がいきます。

さて、6人のフィンランド女性の人生はいかがでしたか？　みなさんの人生にとって「手本」となる人＝ロールモデルはいたでしょうか。

私は、人生にはロールモデルが必要だと考えています。

なかには「必要ない」という人もいらっしゃるかもしれませんが、こう考えてみてください。

ロールモデルは、あなたの人生に寄り添い、導いてくれる存在となります。その人がどんな決断をしてきたかは大切なヒントであり、あなたに気づきをもたらし、決断の助けになるでしょう。その人がおかした失敗でさえも、ゴールに到達するために必要な通過点であったと教えてくれるでしょう。

ロールモデルは、どこにもいます。みなさんのなかには、母親や祖母をロールモデルとする人もいるでしょう。ビジネスの世界やカルチャー、政治の世界で活躍する有名人を、ロールモデルとする人もいると思います。

みなさんが自分の人生にふさわしいロールモデルと出会うことを、願っています。

Chapter Ⅳ

人生は人をあるべきところに導く
――私の物語

日本のみなさんは、私のキャリア（フィンランドセンター所長）を知ると、多くの人がこう聞いてきます。

「すばらしいですね。どうすればそうなれるんでしょう？」

そこで本章では、私の物語を記そうと思います。いわば、私の生き方も、ひとつのロールモデルとして提供しようという試みです。

前章の6人はみな意志が強くチャレンジングで、ロールモデルとして立派な人たちです。一方、私の人生は6人に比べればささやかですが、それなりにサプライズにあふれています。

暮らしたところでいえば、生まれ故郷のタンペレ、大学時代を過ごしたトゥルク、初めて働いたヘルシンキ、パリ（一時期フランス系企業に勤めたので、頻繁にヘルシンキとパリとを行き来していました）とニューヨーク（シティマラソンで走っただけですけどね）、その後ヘルシンキに落ち着いていたかと思ったら、東京で暮らしている——そんな私の物語です。

仕事のキャリアでいうと、最初は夫の家族のビジネスに携わって業務用コーヒーマシーンを売り、その後、世界的化粧品メーカーでマーケティングに関わり、33歳でキャリアを芸術関係へ転換して、フィンランド国立美術館でいくつかのポジションを経験したのちに民間のアート系財団に勤め、2018年からは日本でフィンランドセンターの所長に着任しました。

それぞれの場所で多くの出合いがありました。その一つひとつが私にとって偶然ではなく必然の出合いであり、しかるべきタイミングにしかるべき場所にいたからこそだと思っています。

本章では幸せな家族の話をするでしょうし、夢みた仕事に就いたはずが厳しい状況に置かれてしまった経験も出てきます。なかには非常に個人的でつらい経験もありますが、それもあえてオープンに、みなさんとシェアしたいと思います。

なぜなら、どれもが今の私に至る軌跡だからです。

そのすべてが、「人生は学びの場」であると教えてくれました。ビジネスを通じた経験も、過ちも、自分の選択が正しいかどうかを悩んだことも、すべてが学びとなりました。

そのなかで私が手にしたいちばん大切な学びは、「自分の意志がなにより大切だ」ということです。

何かを決断しなければならない時、私は常に自分の意志で決めてきました。決めるだけのパワーを持ち、その意志どおりに生きて来られました。そのおかげで私は、時につらい状況に陥っても、「必ずハッピーになる」と信じ続けることができました。

本章でお伝えしたいのは、三つのことです。

ひとつは、人生のロールモデルとなる人を持つ大切さです。私の場合、家族がごく身近なロールモデルとなり、人生をより良いほうへと導いてくれました。

二つめは、子ども時代に覚えた充足感こそがくじけない心を育むということです。

「大丈夫、おまえならできるよ」

これは、幼い私に両親がよく言ってくれた言葉です。これを聞くたびに私の心は満たされ、どんな困難にもチャレンジする気持ちになれました。

最後のひとつは、愛する人たちからもらった無条件で献身的なサポートのすばらしさ。人生は予測できないもので、時に困難な状況に陥りますが、愛する人たちのサポートはいつも私の支えとなってくれました。


それでは、私がこのキャリアに至るまでの物語を始めましょう！

愛と尊敬にみちた幼少期

私はフィンランドで2番目に（現在は3番目）大きな都市タンペレで生まれました。父方と母方両方の祖父母にとって待ち望んでいた初孫であり、両親にとってはまさに愛の象徴でした。生まれたその日から、「アミ（私の愛称です）があした、こうした」といったことが、事細かに記録されたほどです。

両親ともにフルタイムで働いていたのですが、子どもの私はとても幸せでした。両親は、どんなに疲れていても私を気にかけてくれました。父は仕事から帰るやゆりかごに駆け寄り、私に話しかけていたそうです。両親が仕事でいない日中には、近くに住む母方の祖父母や父方の祖母が愛情いっぱいに世話をしてくれました。

こうして、夫婦が対等に働くというかたちは、幸福なモデルとして、幼少期から私に刷り込まれたのです。

物怖じしない子ども

幼い頃のことで鮮明に憶えているのは、私が5歳ぐらいだったでしょうか、ある行事に親族が15人ぐらい集まった日のことです。

父方の親族はおしゃべり好きなので、誰もがわいわいしゃべっていて、互いの言うことをよく聞きません。子どもの私が何か言っても適当にあしらわれてしまっていました。するど、親族の中でいちもく置かれている大叔父が、突然声を上げたのです。

「皆の者、静粛に！」

大叔父は著名な国会議員であり、また牧師でもあり、フィンランド兵が戦場に赴く際に送別のセレモニーを取り仕切る役を担っている人でした。

大叔父は続けました。

「そこなる童、アンナ＝マリアが言わんとすることを、皆して傾聴しようではないか。さてアンナ＝マリアよ、いまや皆が汝に注目しておる。是非とも汝が思わんことを告げたまえ」

その瞬間、自分が世界から認められたようで、なんともうれしかったことを今でも思い出します。

私自身は、幼い頃はどちらかというと内気で、あまりおしゃべりでない子どもだったと記憶しているのですが、両親によると、小さい頃からよくしゃべり、誰にも物怖じすることなく話しかけていたというのです。その一例として母がよく言っていたのが、私が5歳で、ゴットランド島に旅行をした時の話です。

私はそこで同い年のドイツ人の男の子と知りあいました。私はドイツ語がまったくわかりませんし、相手はフィンランド語がまるっきりでした。そこで私は、とにかく「イエス」と「ノー」で話すことにしたのです。結局、相手が何を言っているかまったくわかりませんでしたが、母が言うには、私たちはすごく楽しそうに遊んでいたそうです。物怖じせず、好奇心旺盛で、なんでも新しいことに挑戦したがる。私は、そんな子どもに育てられていました。

わがままと自由の境界線

学校では成績が良いほうでした。時にテストの結果がよくない日があっても、両親はこう言ってくれました。

「今回はちょっと失敗したかもしれないけれど、『アミならできる』って、私たちは知っ

母と私。母はいつも私の意志を尊重してくれる

てるからね」

するといつも、「大丈夫、次はちゃんとやれる」という気持ちになれたのです。

両親は、自分の趣味は自分で見つけるべきだという教育方針で、考えを押しつけず、私がどんな趣味を持つべきかに口を出すことはありませんでした。

私は音楽、言語、歴史、スポーツに興味を持ち、小学校3年生からは、音楽の才能のある子どもたちが集まるクラスに選ばれました。まだ小さな私の「音楽を習いたい」という気持ちを、両親が尊重してくれたからです。もちろん家族で話し合ってのことでしたが、最終的に選ぶのは私、そういう姿勢を両親は貫いていました。私は最初にバイオリンを習い、その後コントラバスに転向し、最後はピアノでした。ピアノは今でも弾いています。

しかし私は頑固な面も持ちあわせていて、一度欲しいと決めたものは是が否でも手に入れようとして、言うことをきかなくなることもあったようです。甘やかされた子どもだったともいえますが、両親は「これはだめ」という境界線をはっきりさせていて、時に厳しく私をしつけました。

両親の離婚、12歳の決意

恵まれた環境だったのでしょう、私はハッピーな子どもでした。いつも笑っていた気がします。両親や祖父母は、私をリトル・ミス・サンシャインと呼んでいました。

しかし私が10歳の時、人生を揺るがすできごとが起こりました。両親が離婚したのです。

一人っ子だった私には、あまりにもショックなできごとでした。

当時はフィンランドでも離婚はそれほど一般的ではありませんでした。両親は、「離婚はアミのせいじゃないよ」「アミのことは、二人ともこれからもずっと愛し続けるんだよ」と一生懸命説明してくれましたが、その時の私には支えが必要でした。一人っ子ですから、ともに慰め合う兄弟姉妹はいません。祖父母たちが慰めてくれましたが、両親のサポートがまだまだ必要だった私は、喪失感に長く苦しみました。

それで12歳の時、心に誓ったのです。

「私は絶対に離婚なんかしない。結婚したら、仲むつまじい暮らしを築きあげてみせる。幸せな家庭と有意義なキャリア、どっちも手に入れてみせる！」

愛すべき家族、私のロールモデルたち

子どもが育つ過程では、手本となる人が必要です。他人を尊び敬意を払う姿勢や、好奇心を持つ大切さを教えてくれ、模範となる考えや行動をする人です。

私にはそんな人たちが身近にいました。愛する家族たちです。


ひとりめは、前にも触れた国会議員の大叔父です。まだ5歳の私をきちんと大人扱いして、「話を聞こう」と言ってくれた人です。

国の要職にあった大叔父の周りには、常に威厳のオーラが漂っていました。実を言えば、幼い私はそんな大叔父が少し恐ろしくもありました。しかし、あの集まりでの温かいひと言、そして子どもの私に心からの敬意を示してくれたことで、そんな気持ちはすっかり消え去りました。

幼い私が他人に敬意を払うふるまいを知ることができたのは、大叔父のおかげでした。

次に挙げるのは、父方・母方両方の祖父母たちです。

生涯学び続けること、アクティブに年を取ること。私もそうありたいと思う生き方を、祖父母たちは示してくれました。祖父母たちは政治や経済の状況、文学や社会の話題について最新の情報を把握していましたし、父方の祖母は86歳まで聖歌隊で歌っていました。彼女はオルガンを弾き、油絵を描き、こと編み物に関しては生涯現役でした。ぬるま湯にひたっていないでいろいろなことに挑戦する度胸は、この祖母が教えてくれました。

その祖母は、43歳の若さで未亡人となり、幼い3人の息子と大きな農場がその手に残されました。ひとりで子どもたちを育て、農場を切り盛りしていかなければならなくなりましたが、彼女はそれをやってのけました。さらに戦時中には、ロッタ・スヴァルド（女性による民間の国防組織。銃後で生活困窮者に食料支援をおこなうほか、戦地に赴いて兵士への食事の提供や救護にあたり、空襲監視の任務も果たした）のメンバーとして、後方支援にあたりました。

祖母が私に教えてくれたのは、「どんな状況でも、精一杯に生きる」という姿勢でもあったのです。

母方の祖母、いちばん大切なロールモデル

もうひとりの祖母タイヤは、その生きざまを通じて私の手本となってくれました。私にとって、いちばん大切なロールモデルです。

彼女は仕立屋で、結婚したばかりの時に祖父と一緒にテーラーを開きました。当初二人が持っていたのは、グラスとコーヒーカップが2個ずつ、お皿もフォークもナイフも2セットと最低限の物だけで、切り詰めた暮らしをしていたそうです。

しかし二人は、仕事に関しては、いっさい妥協しませんでした。

材料代を稼ぐのもやっとなのに、質のいい布地しか使わず、「お客さまのためにすてきな服を仕上げなくては」という職人気質を持っていました。そして不況下のフィンランドでも、前向きな姿勢をなくしませんでした。二人は絶対に成功すると固く心に決め、年中無休で働きました。やがて店は軌道に乗り、美しい家を買えるほどの成功をおさめました。

その家には、広い庭が付いており、祖母はこの庭をこよなく愛していました。

花々や木々、何種ものベリーの灌木が植えられ、いつも完璧に手入れされていました。

摘んだベリーは、冬に備えて祖母がジャムやジュース、ゼリーにしました。手作りのカ

テッジチーズは、庭で摘んだハーブで味付けしました。

祖母は、今でいう「サスティナブル」な暮らしをしていました（本当に、時代の一歩先をいく女性だったのです）。たとえば、朝食に出したポリッジ（オーツ麦を牛乳や水などで煮てお粥状にした料理）の残りはパンになり、そのパンの残りは乾かしてパン粉にしてミートボールの生地に混ぜ込む――といった具合に、いっさいを無駄なく使い切っていました。

週6日フルタイムで働いていたにもかかわらず、食べ物はみな祖母の手作りでしたし、家はいつも居心地がよく、すべてがあるべき場所におさまっていました。そんな完璧な生活を営んでいるのに、祖母は疲れをみせることなく、常に手を動かしていました。テレビを見ている時ですら、手では編み物か刺繍をしていました（それで私も、かなり幼い頃から編み物と刺繍をしています）。一方で、時間を見つけては読書を楽しみ、行事ごとにとても愛らしいカードを親しい人たちに送っていました。伝統の価値や、まじめに努力することの大事さ、そして何よりも、家族という存在の大切さを教えてくれ

祖母と私

たのが、祖母でした。

仕立屋兼主婦として多忙な日々だったにもかかわらず、祖母は事あるごとに困っている人の手助けをしていました。それで私も、誰かが何かを成し遂げようという時、それを手助けできる人間になろうと思うようになりました。

祖母は多才で、努力家で、知的で、いつでも明るいオーラを身にまとっていました。彼女が行くところには、喜びと幸せがもたらされました。祖母が教えてくれたのは、女性であろうと、望めばすべてを手に入れられるということ、そしてそのためには、揺るぎない決意が必要だということでした。

私の祖父母たちはもうこの世にはいませんが、昔も今も、私にとってかけがえのないロールモデルです。

キャリアのはじまり

さて、私の人生に話を戻しましょう。

月日は過ぎて、高校の標準試験にAレベルで合格した私は、将来は弁護士になりたいと考えていました。大学入試まで時間がなかったので受験を一年延ばし、アメリカでオペア（海外にホームステイし、育児や家事を手伝って報酬を得る留学制度）として働こうかとも考えましたが、最終的には、ロースクール受験の予備校に一年間通うことにしました。フィンランド最南端の美しい海辺の町、ハンコにある学校です。

そこには、人生を変える二つのできごとが待ち受けていました。

ひとつめは、進路変更です。予備校で学んだ結果、私が選んだのは法学ではなく、経済学でした。

もうひとつはもっと重要です。その予備校で、将来夫となる人に出会ったのです。

私と夫は当時も今も、性格がまったく異なります。夫は穏やかで行動にそつがないタイプ、一方の私は外向的ですが、頑固で考えなしに行動してしまうタイプ。人は自分と正反対な人に惹かれるというのは、本当なのかもしれません。

私たちはトゥルクにある大学の経済学部と政治学部にそれぞれ入学し、そして、一緒に暮らすことにしました。手ごろな家賃のアパートを見つけるのがとても難しかったのです。つきあって一年そこそこの私たちがいきなり一緒に暮らすのは、とてもリスクが高いことでした。突然すべてをシェアすることになったわけですから。もちろん、家事もです。しかも彼は、専業主婦のお母さんに育てられた一人息子で、家事をまったくしたことがなかったのです。

しかし私だって、家事を一人で負担する気はありません。そこで、彼に告げました。「勉強しないといけないのは、私もあなたも同じだよね。で、トイレ掃除と、床に掃除機をかけるのと、どっちにする？　好きなほうを選んでいいよ」

最終的に、彼は掃除機を選びました。これが夫と私の「話し合い」の最初で、その後は今日まで毎日のように繰り返し続いています。

私たちのシェア生活は勉学ともどもうまく運び、二人同時に修士号を取り、そして結婚式をあげました。

義父の会社でコーヒーマシーンを売る

私がキャリアを積み始めたのは、結婚直後のことです。それはまったく偶然のスタートでした。新婚旅行から戻ったばかりの私たちに、夫の父が「外食産業向けの展示会に出展するので、ブースを手伝ってくれないか」と、声をかけてきたのです。義父は業務用の大型コーヒーマシーンの卸会社を経営していて、業者に販売していました。

大学院を卒業したばかりで仕事に就いていなかった私は、即答しました。

「もちろんです!」

そしてなんと、フェア終了までの1週間で、勤めて30年以上のセールスマネジャーの男性二人よりも、私の方が多くのコーヒーマシーンを販売したのです。その成果に目を丸くした義父は、私に会社を手伝ってくれないかと言ってきました。

私はまたも即答しました。

「はい!」

そう答えてしまってから自問自答しました。

大学院で経済学の修士まで取ったのに、ファッションやコスメ業界のように華やかでもなく、大手マーケティング代理店のように経済学の知識が活かせるわけでもないのに、地味なコーヒーマシーンの販売をなぜ簡単に引き受けてしまったのだろう。「フェアでの営業成績に気をよくしたせいだろう」と当時は思っていましたが、今考え直すと、まったくなじみのない世界に挑戦したくなったからではないかと思います。

私の入社と同時に、夫もこの会社のCEOに就任しました。世代交代することで会社に新風を吹き込もうと、義父は考えたようです。義父の会社はフィンランドでは老舗で、商売は安定していましたが、新しいアイディアが必要な時期になってもいたのです。

私がキャリアをスタートさせた1991年は、フィンランドの経済が歴史的な不景気に陥っていた時代でした。ほんの数年前までは好景気による人材不足で、企業は少しでも優秀な学生を得ようと青田買いに躍起でしたが、そんなことが信じられないほどの冷え込みようでした。

コーヒーマシーン1台を売るのに、幾度となく営業をかけ、何時間も交渉したあげく、「ノー」と言われるのです。業績の悪化は夕食の皿数に直結し、心が折れそうになることもしばしばでした。

私たち夫婦は若く経験もなかったので、週休もなく日夜働きました。毎朝の出社前には、自分で自分に気合を入れなければなりませんでした。暗い気持ちにならないように、明るい雰囲気を自分で作りあげないといけなかったのです。

「鼻たれ娘が、ふてぶてしい物言いじゃねえか」

90年代当時、フィンランドの業務用コーヒーマシーン業界はまさに男性社会でした。大学院卒業したての25歳で、おまけに女性だった私は、男性の同僚から嫌味を言われることもしばしばでした。

「コーヒーマシーンは、きみみたいな女性が営業して歩くには重すぎるでしょう」

「ブロンド嬢ちゃんは、男のガチンコのビジネスにでしゃばってこないでよ」

「お嬢さまのかわいい頭じゃ、コーヒーマシーンのテクニカルなことなんてわからないさ。俺たち男に任せときな」

ちょっと待って、何ですって？　わーお、聞き間違いかしら。この人たち、女性の知性と能力、可能性をみくびっている。ジェンダー問題で先進的なフィンランドとは思えない言葉ばかり。

そこで私は、きつい言葉をほほえみでかわしつつ、どんな困難な状況でも成果を出して、営業実績で見返すことにしました。要は、結果にものを言わせたのです。

これは、テーラーを経営していた母方の祖母のやり方をまねたものでした。「結果で示せ」は、祖母が常々アドバイスしてくれた言葉だったのです。

しばらく時間はかかったものの、男性の同僚たちに私の仕事ぶりが認めてもらえるようになりました。


男社会の職場で苦労したことで、私は女性のワークライフの改善のためにはできることを最大限やりたいと強く思うようになりました。これには、特にきっかけとなった二つのできごとがありました。

ひとつめは、私が夫とアメリカの展示会に商談に出かけた際のできごとです。

取引先である機器メーカーのCEOは私たちと同年代の若い人で、私たちがブースに入ると夫にこう話しかけたのです。

「すごいな、秘書嬢連れで来たのかい」

夫は言い返しました。

「もしや、わが社の〈セールス兼マーケティング担当マネジャー〉で、〈僕の妻〉のことをおっしゃっているのでしょうか?」

その時のCEOの表情を、みなさんにもお見せしたかったです。想定外の返答に、飲んでいたコーヒーにむせんばかりになっていましたから。

しかしこのできごとののち、私は「セールス兼マーケティング担当マネジャー」の「ミセス・ウィルヤネン」として、敬意をもって接してもらうようになりました。会社へ私宛てに来る手紙も、「セールス兼マーケティング担当マネジャー　ミセス・ウィルヤネン様」と宛名書きされるようになりました。

もうひとつのきっかけは、私が義父の会社で働くようになって一年足らずの頃に起きました。アメリカでのできごとより少し前のことです。

義父の会社はディーラー契約での販売もおこなっていたのですが、ディーラーのひとりが仕入れ値の値引きを執拗にせまってくる人でした。30年以上この業界にいて、自分流のやり方を頑固に押し通すことで知られていました。

ある日、そのディーラーが私宛てに電話をかけてきて、値下げを要求し始めました。私がまだ経験が浅いので、営業成績を上げるために多少の無理は飲むに違いない、こんな小娘一人、言うことを聞かせるなんて簡単だ、そう思ったのでしょう。

私は、会社のポリシーでこれ以上の値下げはできないこと、彼だけを特別扱いできないことを丁重に伝えました。すると彼は、ますます声を荒らげてきました。

「嬢ちゃんよ、こっちはこの業界にあんたが生まれる前からいるんだよ。みくびってもらっちゃ困るぜ」

「弊社の方針にしたがっていただけないのでしたら、別の会社から仕入れてください」

そう言い返したものの、私の足は震えが止まらなくなりました。重要な取引先を失うことになるかもしれないのです。

すると、ディーラーが言いました。

「鼻たれ娘が、ふてぶてしい物言いじゃねえか」

声がつまるほど腹が立った私は、怒りにまかせて言い返しました。

「個人を侮辱することを言う人との取引なんて、お断りです。取引契約は解消しましょう」

ガチャン。相手は電話を切りました。はっと我に返った私は、頭を抱えました。

私ったら、なんてことをしちゃったの？

相手はきっと、同業者にこの一件を吹聴するに違いありません。悪い噂が広まれば、他のディーラーもうちとの関係を切ってしまうかもしれないのです。

しかし、事態の報告を私から受けた夫は、穏やかに言いました。

「大丈夫だよ。いずれ、商品を仕入れさせてくれって言ってくるさ。まあ、見ててごらん」

数週間後、そのディーラーが電話をかけてきて、殊勝な声で言いました。

「ミセス・ウィルヤネン、御社からコーヒーマシーンを10台ほど購入させていただきたいんだがね」

もちろん、これまでどおりの仕入れ値で。


この二つのできごとは、女性をあなどり理不尽なことを言いかける人たちにどんな態度をとるべきか、私に教えてくれました。

自分に正直でいること、自分を信じること、直感に耳を傾けること、どう考えても腑に落ちないなら、断じてやらないこと。そして、不当な扱いに決して甘んじないこと。

人生は毎日がバラ色というわけにはいかず、不当なできごとも経験します。しかしこの態度で粘り強く取り組めば、いつのまにか環境も、そして自分自身も変化していきます。時に神経がすり減りますが、長い目で見れば「こうしてよかった」と必ず思うはずです。

コーヒーマシーンから化粧品へ

家族経営の会社で夫婦で働くのは、協力できるのがおもしろく、アイディアも共有し合えるのですが、24時間仕事モードになって、プライベートと切り離せないという問題がおきます。家でくつろいでいる時もつい仕事の話をしてしまい、心が休まらないのです。

そんな状態が4年続いた頃、ついに第一子の妊娠が判明しました。私たちはもう長いこと、新しい家族を持ちたいと望んでいたのです。夫婦で話し合った結果、育児休暇が終わったら、私が別の職場を探そうという話になりました。

1996年、元気な男の子が生まれ、私たちは大喜びしました。

育児休暇を取って赤ちゃんと家にいるのは、楽しいものでした。フィンランドの手厚い育児支援制度には感謝しかありませんでしたし、仲のいいママ友もできました。その一方で、知的なことをして脳に刺激を与えれば、さらにいい母親、さらにさらにいい妻になれるんじゃないかと、育児のかたわら、フランス語学校アンスティチュ・フランセのフィンランド校のコースをいくつか受講することにしました。

というわけで、育児休暇明けの私が応募した仕事は、世界有数のフランス系化粧品メーカーのフィンランド支社のプロダクト・マネジャーでした。フルタイム勤務です。

面接を受ける前に、私と夫は、就職後の労働時間や労働量はたいへんなものになるだろうと覚悟し、その対応をじっくり話し合いました。いってみれば、学生時代にやった家事分担の話し合いの進化版です。学生だった頃とは違い、夫は会社経営者、私は国際的市場をリードする世界的企業でポストを得よう（ということは、責任も仕事量も大きいはず）という立場です。

私たちは、いわば時間の交換取引をしました。

私が入社してからの3年間は私のもの、その後の3年間は夫のもの。初めの3年間は私がキャリアに挑戦して夫がサポートにまわり、後の3年間は夫のチャレンジ期間で私がサポート役、そういう取り決めです。

こうして私は、息子が1歳半の時に新しい仕事に就きました。


新たなキャリアを世界規模の企業で始められたことも、国際市場のマーケティングができることも、これまでの夢が叶った気分で、私はやる気満々でした。おまけに、本社への出張という名目でファッションの中心地パリにも行けるのです。

しかし、その時の私は、ほとんどわかっていなかったのです。国際的な企業で働くということは、家族経営の小さな会社で働くのとは、まったく異なるのだということを。

座学研修が終わった時、私たち研修社員にブリーフケースが一つずつ与えられました。中には、これから営業を担当するエリアと商品カタログ、それから数字の表が入っていました。それは、これから4か月間の売上目標でした。「これをすべて達成したら、正式の社員ですよ」というわけです。その目標の高さといったら！　金額と同じだけプレッシャーも高まりました。加えて、営業担当地域は私の知らない街ばかりです。しかし幸運なことに、わたしは4か月の間、営業目標を達成し続けることができました。

こういった試用期間を経て、プロダクトマネジャーとしての仕事が本格的に始まりましたが、自分で望んだ仕事とはいえ、最初にいくつか仕事をもらった時は「これってほんとうに、私の夢の仕事（あくまで「当時の夢」ですが）なんだろうか」と、疑問が頭をもたげました。というのも、最初に与えられた仕事が「顧客6000社からなるカタログを作れ」というものだったからです。

それまで社内の誰もやったことがなく、参考にする前例のない仕事でした。にもかかわらず、締め切りだけは決まっているのです。私はひどいプレッシャーの中に放りこまれました。ただ、後でふり返ってみると、あの仕事を任されたことで、自分の統計スキルやクリエイティビティ、ITスキルなどを試すことができたと思います。そして、とんでもないプレッシャーと戦うにはどうしたらいいか、という経験にもなりました。あえて言えば、良い経験とみなせるでしょう。あくまで、あえて言えば、ですが。

二つめの仕事は、クリスマスの販促用にパッケージをデザインすることでした。

私はこんなアドバイスを受けました。

「商品ロゴから頭文字を切り抜いて、サイズ違いで何百枚もコピーするんだよ。それを白い箱の表面に貼りつければいいからね」

いやいや、ちょっと待って。

私、これでも経済学の修士号を持っていて、前職はセールス兼マーケティング担当マネジャーだったんですよ？ それなのに、幼稚園児の遊びみたいなことをさせていいんですか？ この会社って、化粧品のマーケットリーダーというべき会社なんですよね？ 数十億ドル規模の売上がある企業のはずですよね?!

しかし、私には目標がありました。この会社で働きながらビジネスのノウハウを学んでいくこと、そして昇進するという目標です。ですから言われたことは、き・ち・ん・と、こなしました。

仕事と家庭の両立の難しさ

その後の私は、実にさまざまなタスクを任されました。マーケティングの企画と準備、販売会議用の資料作成、クライアント向けの販売キャンペーンや特別プロモーションの企画、クライアントの質問への回答、パリの本社への報告などです。どのタスクも、最終段階で海外出張が必要になりました。ちなみに、出張先はおおむねパリでした。さらに入社の一年後には、とある製品のブランド・マネジャーに昇格することになり、私はそのブランドの商標管理、販売、マーケティングの責任者にもなりました。

労働時間はどんどん長くなりました。私は国内外を飛び回り、華やかなビジネス・ディナーに参加し、自分のチームがよい販売成績を維持できるように働きかけました。

その一方で私は、いい母、いい妻でいるべく、奮闘していました。出張先からは、幼い息子にお土産を必ず買って帰っていました。しかしそれは正直なところ、自分の罪悪感を和らげるために過ぎませんでした。私の自己満足でしかなかったのです。

ある時、そう、あれはパリでマネジャー向けの特別研修を2週間受講して、帰国した時のことでした。

私は息子と夫にお土産を買って、フィンランドに降り立ちました。二人に再会するのが、とても楽しみでした。空港の到着ターミナルに着くと、息子を抱いた夫が見えました。私は急いで駆け寄り、二人をハグしようと腕を差し出しました。

その瞬間、息子が私から顔をそむけたのです。

鋭い刃物で胸をグサリッ！ ——私の気持ちはまさにそんな感じでした。

打ちのめされた私の脳裏に浮かんだのは、フィンランドの古い格言でした。

「Niin metsä vastaa, kuin sinne huudetaan〔あなたが叫ぶから、こだまが応える〕」

意訳すれば、「投げつけたものは、必ず跳ね返ってくる〔自業自得〕」といったところでしょうか。

この時、私は「こんな状況、変えなければ」と思いました。ただ、「今すぐに」かそれとも「少し後で」そうするかは、ちょっとわからないけれど……とも、思ってしまっていたのです。

しかし、心の痛みも含めて、人というものはすぐにものごとを忘れてしまうものです。しばらくすると、私はまた長時間労働にいそしみ、国内外を飛び回る生活に戻ってしまいました。ある時など、夫が週末にパリへ飛んできたこともありました。少しでも私と一緒に過ごすためにです。どれだけ気違いじみた忙しさだったか、おわかりいただけるかと思います。

忙しさにとりつかれていた私を目覚めさせてくれたのは、夫のサポートでもなく、息子が見せたそっけなさでもありませんでした。

みなさんは意外に思うでしょうが（実は私自身も意外でした）、それはニューヨーク・シティマラソンだったのです。

ニューヨーク・シティマラソンが気づかせてくれたこと

なぜ、ここで急にニューヨーク・シティマラソンが飛び出してきたのか、そうお思いでしょう。これには、私のランニング好きとストレス発散術がかかわっています。

スポーツマンだった父譲りで、私は昔から運動が大好きで、育児休暇中でさえわざわざランニングができる乳母車を購入して、息子を乗せて走っていたほどです。化粧品メーカーに就職した後も、あまりにストレスがかかった日には、よく夫にこう電話したものでした。

「玄関にランニングシューズを用意しておいてくれない？」

帰宅後、すぐに走れるようにです。

ランニングの趣味が高じた私は、多忙ななかをやりくりして、国内のハーフマラソンも

3回完走しました。そして、次はフルマラソンに挑戦しようと思いたったのです。だって、42・195キロを走り抜くのって、何か特別なことだとは思いませんか？　少なくとも、私の認識ではそうです。私は走ること自体も好きですが、目標を設定してそれをやり遂げるのが、もっと好きだったのです。当時の私には、自分の限界に挑みたいという思いがありました。限界に挑戦し、「やろうと思えばできる」ということを、私自身に証明してみせたかったのです。

実は、私は以前スポーツで膝を痛めて骨にねじが入っているので、ドクターはマラソン参加にいい顔をしませんでした。しかし私は、一度決めたらやりきらないではいられない性分です。

長時間勤務のあとで、練習が億劫になる日もありました。しかし、走ると気分が上がって爽快な気持ちになりましたし、何よりも、世界で最も有名なマラソンイベントに参加するのだという思いが、私を駆り立てていました。

ニューヨーク・シティマラソン当日は、とても寒い朝でした。スターターピストルとともに走り出した時、私は自分に言いきかせました。「絶対にゴールする」と。

ランナーは人種も年齢も性別も体格もさまざまで、沿道ではバンドの演奏があり、人びとが躍り、大勢の人が声援を送ってくれました。

最高だったのは、「ゴールにたどり着く」という目標に向かって、みなが同じ時間を共有している一体感でした。それは、私もこの瞬間に存在しているのだという実感を与えてくれました。

セントラルパークのゴールに入った時、私の目は涙であふれていました。

やった。

私、やりとげたんだ！

それはマラソン特有の高揚感のせいだったのか、あるいはニューヨークという街がそうさせたのか、その時の私は、何か特別なことを成し遂げた気持ちでした。

だから、考えてもみませんでした。そのわずか二日後、この最高な気分を一気につぶされるできごとが起こるなんて。


日曜日にニューヨークを走った私は、急いで職場に戻るべく、翌月曜日には帰国の飛行機に乗り、9時間のフライトののち火曜の朝にヘルシンキに到着しました。自宅にはスーツに着替えに寄っただけで、すぐに出社しました。職場に着くと、マラソン完走を知っていたみんなが祝福の言葉をくれました。

ただ上司は、祝福に続けて、あとで自分のオフィスに来るようにと告げました。

上司のオフィスに行くと、彼は「よくやったね」と言い、続けてこう言いました。

「フルマラソンを完走した君なら、出張ももっと増やせるね。チームの売上をさらに伸ばすよう、業務に邁進してくれたまえ」

あまりな言いように、私は言葉を失いました。

私が母親業との両立に苦労しながらも最善を尽くしていることは、上司はわかっているはずです。だいいち私と私のチームは、これまでも十分に優れた働きをして、十二分に優れた営業成績を出していました。それなのに、なぜこんなことを言われなければいけないのでしょうか。

自席に戻った私は、つぶやきました。

「もう十分だわ、潮時ね」

正直な話、こんな事態は想定外で、会社を辞めるとまで考えたことはありませんでした。

しかし、ニューヨークから帰ってきた私は、それまでとは別人になっていました。マラソンを走っている間に、価値観の変化が起きていたのかもしれません。

ニューヨークでの体験で知ったのは、人はひとりでは42・195キロを走りきれないということです。声援する人たちとの一体感があって、それで次の一歩を踏み出すことができるのです。

営業成績を出そうと走る私にとって、声援してくれるのは家族でした。

これ以上走れといわれたら、私は家族との時間を失ってしまうでしょう。そうなれば、家族の信頼が薄れていくのは、長男がみせた態度からも明らかです。営業成績などのために、声援もないままひとり孤独に走り続けるつもりなんか、私にはありません。

私はもう一度上司のオフィスに行くと、退職願を差し出しました。慌てた上司が言いました。「ちょ、ちょっと、待ちなさい。まずはCEOと話しあうように」

くだんのCEOは、退職願を目にすると言いました。

「こいつは、女性によくある『一時の気の迷い』というやつかな」

「気の迷いなんかじゃありません。辞めます」

しばらく押し問答があり、慰留もされましたが、私の意志はすでに固まっていました。

私は世界的大企業を辞めました。いつもならば、もしもの時のバックアップ・プランを用意しているのですが、今回はそれもありません。

私はこれから、どうすればいいのでしょうか。

芸術という天職

私の人生の転機は、いつも思ってもみないところからやってきます。

化粧品メーカーを辞めた後、私は新しい職に就かないままオープンカレッジで勉強をしていました。ある週末、夫が旅の荷造りをするように言いました。サプライズでフィレンツェ旅行に連れ出してくれたのです。そのフィレンツェで私は、人生の舵を大きく切ることになりました。

ウフィツィ美術館でボッティチェリ作《春（プリマヴェーラ）》の前に立った時のこと、私は雷に打たれたようになりました。突然、「アートの世界の仕事をしたい」と思ったのです。いいえ、「したい」ではなく、「しなくてはいけないんだ」と、強く思ったのです。

もともと私は絵画が好きでした。仕事の合間に時間が見つかれば、国内はもちろん、出張先のパリでも美術館に足を運んでいました。しかし美術の世界に自分のキャリアを見つけ出そうという発想は、それまで思いもしなかったのです。

その時の私は、傍から見れば、軽い「スタンダール症候群」にかかっていただけかもしれません。スタンダール症候群というのは、心揺さぶられる美（美術作品や自然美など）を過剰摂取すると、めまいや動悸などの身体症状や混乱や幻覚などの心理状態が生じるものです。

しかしあの時、啓示のように降りてきた「アートの仕事をしなくては」という決意は、混乱や幻覚にしては、あまりにはっきりしたものでした。

ニューヨークでのマラソンに始まって、退職、フィレンツェ旅行、ボッティチェリの絵との出合いとその時感じ取ったメッセージ――これらはすべて偶然ではなく、何かの導きで起こるべきして起きたことのように、今も思えてなりません。

「芸術の仕事に就く」と決意したとはいえ、強い思いがあるだけではキャリアは始められません。それにふさわしい知識や技能が求められるものです。

当時の私は、経済学の専門知識とマーケティングの実績こそ誇ることはできましたが、芸術部門に関しては、就職面接で語れるなにものも持ち合わせていませんでした。そこで大学にもう一度入り、芸術の専門知識を学ぶことにしました。第二子の妊娠・出産（今度は美しい女の子でした）といううれしい誤算で大学受験が一年延びましたが、その間もオープンカレッジで勉強を続けた後、ヘルシンキ大学に合格し、3年かけて美術史の修士号

（経済学に続いて二つめです）を取得しました。

この頃には、アートこそ私の天職だと確信していました。

芸術の博士号を得る

とはいえ、これまでとはまったく異なる分野にキャリア変更するわけですから、ゼロからのスタートです。修士取得の傍らおこなっていたアルバイトも、芸術に関わるものにしようと考え、フィンランド国立美術館のガイドになりました。

実はこのアルバイトのおかげで、私は美術史の修士号だけでなく、博士号も取るきっかけをつかみました。美術館のバックヤード見学ツアーを企画した際、資料庫ですばらしい資料を見つけたのです。オニンゲビー・アーティスト・コロニーに関するものでした（バルト海オーランド諸島にあった芸術家村。外光派の風景画家ウェスターホルムが設立。参加者の多くが女性だった）。

これは、フィンランド美術史上もっと評価されるべきものではないか。そう思った私は、博士課程で研究を始めました。仕事をしながらの博士論文執筆はとてつもなく大変で、サバティカル休暇もめいっぱい利用しながら、締め切りに間に合わせようと必死だったのを憶えています。

博士号をとるには、論文をまとめるだけでなく、一般公開された学会でプレゼンし、口頭試問を受けなければなりません。学会発表の日は2014年3月8日、ちょうど国際女性デーでした。

当日はプレゼンの事前練習をしたくて家を出たのですが、緊張のあまり早朝に行きすぎ、校舎の扉が開いていません。いかにもフィンランドの春らしい朝で、開錠を待つ間、強風とみぞれが吹きあれ、セットした髪をぐちゃぐちゃにしてしまいました。

発表会場のアルペナム・ホールは建築家エデルフェルトが設計した美しい建物で、発表時間が近づくと大勢の人が集まってきました。夫と二人のわが子（どちらももう10代になっていました）、両親、指導教授や仕事先の同僚の姿もありました。不思議なのは、それまでずっと胃がキリキリする緊張を覚えていたのに、プレゼンし始めた瞬間に不意に落ち着き、なんだか楽しくなったことです。

最難関は最後の質疑応答でした。論文中の図解への質問にどう答えようか考えていた時、陽光がホールに差し込んできました。

吉兆だ。そう思いました。「大丈夫、すべてうまくいく」と。

こうして論文『オニンゲビーにおけるアーティスト・コロニー——そのソーシャルネットワークの多面性について』は試問に合格し、私は博士号を取得しました。

人生でもっとも幸福な瞬間でした。

口頭試問の間、私を見る父の瞳は「大丈夫。『アミならできる』って、僕は知ってるよ」と言うようにきらめいていたし、夫も力強い視線で見守ってくれていました。子どもたちは学会発表が退屈で長時間かかったにもかかわらず、終わるとこう言ってくれました。

「ママ、本日の成績は『ベリーグッド』だよ」

あの日から10年以上経ちましたが、あの魔法のように幸福だった日をふり返ると、温かいものが心にわき上がってきます。

エグゼクティブ・ディレクターはコーヒー係

わたしがまだ博士号取得にむけて研究をしていた時のことです。フィンランドのとある私立のアート財団から電話がかかってきました。財団のエグゼクティブ・ディレクターのポジションに関心はないかという打診でした。

その当時、私はフィンランド国立美術館で働いていました。初めはアルバイトのガイドとして、その後はプロデューサー、オーディオガイドの解説文のライター、コミュニケーションマネジャーを任され、勤めて10年経った当時は開発部長代行をしていました。もちろん、今後もアートの世界で働き続けたいと思っていました。

財団が提示した仕事内容はまさに私が関わりたいと思っていたもので、コレクションの管理、展覧会の企画宣伝とマーケティング、コレクション購入にむけた投資などでした。当時は博士論文の執筆の真っ最中でしたが、私は面接を受け、任に就きました。

財団のコレクションはすばらしく、それぞれの美術品がコレクションに加わった来歴も関心をもてる内容でした。仕事もやりがいがあり、気に入っていました。芸術に経済、ネットワークに関する知識をすべて活用できるというところが、私の意欲を刺激しました。

私はコレクション収集における方針とマーケティングを刷新し、財団のロゴデザインを変更し、ウェブサイトを新しくしました。雇われていたのは私一人だったので、作品の搬出入以外はすべて私がおこなうワンマン状態（おっと、ワン「ウーマン」と言うべきかしら？）でした。それと並行して、週末には博士論文の推敲をしました。

つまり、仕事にも勉学にも、とても充実した日々だったのです。――ある一点を除いては。

この財団の理事会員は、文化方面で長く活動した男性陣で構成されていました。一緒に働くうえではやりやすいみなさんではあったのですが、理事会の最中にコーヒーが切れると、誰かしらがきまって私に言うのです。

「コーヒーを淹れてきてくれないかな」

いやいや、ちょっと待って？

だって私、これでもいろんな組織で要職を任されてきて、今だってエグゼクティブ・ディレクターとしてここにいるんですよ？　美術史の修士号も博士号も持ってるんですよ？　女性が私ひとりっていうだけで、なんでコーヒーを淹れる役目を毎回まわされるんですかね?!

相手に悪気はないのでしょうが、気まずさを心に抱きつつ財団に勤めて4年が経った頃、一本の電話を受けました。日本にあるフィンランドセンターの所長のポジションに関心はないかという打診でした。

私は自分の耳が信じられませんでした。ええ、ええ、もちろん、関心はありますとも！　足では飛び跳ねつつも、声では努めて平静を装って応対しました。まだ面接も受けないうちから、踊り回って有頂天なのも、いかにも私らしいというところでしょう。フィンランドセンターとフィンランド文化学術会議の国際的ネットワークについて入念に下調べをして面接に臨み、内定の知らせを受けた夜は外出していました。

それで私の家族は、何かの出版記念パーティに出ていたはずの私から、電話でいきなり聞かれたというわけです。

「ねえ、東京に住んでみたい人、手をあげて！」

地球の裏側へ

「えっ、それって、地球の裏側に……ってこと？」

というのが、夫の第一声でした。

有頂天になっていた私は、そこでようやく、考えるべきことがたくさんあることに気づきました。

さあ、ここでまた「話し合い」のスタートです。

今回は私と夫のことだけでなく、大学生になる長男、中学生の長女のことも考えなければなりません。このうち、ヘルシンキ市内の大学で学んでいた息子は、そのまま勉学を続け、アパートで一人暮らしする道を選びました。一方、娘はちょうど中学から高校へと進学する時期でした。こちらは、中学については卒業まで今の学校に通うことにし、その後については、親である私たちの状況が決まってからの判断となりました。

やはりいちばんの難題は、夫の仕事との両立でした。

夫にはＣＥＯとして経営する会社があります。もちろんＩＴの進歩のおかげで、地球の裏側にいても、社内や顧客とのコミュニケーションがとどこおることはないでしょう。とはいえ、本人がフィンランドにいるほうが、充実した経営ができるのは明らかです。

ここはやはり、私が単身赴任をして、東京でひとりやっていくべきでしょうか。

……うん、大丈夫ですとも。地球の裏側と言ったって、オンラインでいつでも会えるわけですし、飛行機でたかだか9時間も飛べば（当時はまだロシア上空を航行できました）フィンランドに戻れるんですから――。

けれども、前にも書いてみなさんもご存じのように、私の夫はとても、とても寛大な人なのです。

「僕が一緒に東京に行くのが、あたりまえだろう？　君が働いている間、僕なら、住まいをきちんとして、家事もして、愛犬2匹の面倒だって見られるしね」

こうして、化粧品会社で働く際にかわしたのと同じ取り決めが成立しました。私が日本フィンランドセンターの所長でいる間は夫がサポートに回り、任期が切れたら、今度は私が彼をサポートするのです。

話し合いの結論として、フィンランドに残るのは長男、東京に向かうのは、私、夫、長女、そして飼っていた愛犬2匹と決まりました。

ただし、娘の卒業は年が明けた来春の予定ですし、夫は今後の仕事を調整するのに時間が必要です。二人が（そして愛犬たちも）東京に合流するのは来秋になってからということになり、まずは私ひとりが東京に向かいました。

２０１８年1月1日、私は日本のフィンランドセンターの所長に着任しました。単身赴任でのスタートです。

新しい仕事に意欲満々の私は、毎朝めいっぱい早起きして出勤しました。新しい仕事に就いた時はいつもそうですが、最初におこなったのは組織のＳＷＯＴ分析でした（対象の特徴を「強み（Strengths）」「弱み（Weaknesses）」「機会（Opportunities）」「脅威（Threats）」の4点で分析する手法）。アートの知識だけでなく、経営やマーケティングの技能にも長じているのが、私の強みなのです。すべてこれまでのキャリアのおかげといえるでしょう。その分析を皮切りに、職場での新しい働き方を試してみたり、事務のデジタル化を図ったり、ロゴの刷新を考えたり、ウェブサイトを新しくしたりなどを、一気にスタートしました。

これだけこなせば、当然長時間勤務になります。しかし、家族をヘルシンキに残しての単身赴任でしたから、家にいる時間が少なくても罪悪感を抱かずにすみます。

ただし毎日夜8時から9時の間だけは別で、何があろうと家にいました。なぜなら、フィンランドにいる家族とオンラインで連絡をとり合うと決めた時間でしたから。

さあ、いかがでしょうか。今まで読んでいただいてきたすべてが、みなさんの質問「どうやってフィンランドセンターの所長になれたんでしょう（「だって女性なのに？」の含みあり）」に対する答えです。

読んで「女性なのにがんばった」と思った人も、「女性だからがんばれた」と感じた人もいると思います。私自身は、女性であるかどうかに関係なく、これまでの軌跡すべてが今につながったのだと思っています。

しかし、ここまで読んでいただくと、ジェンダー平等の先進国であるフィンランドにいた私でさえ、さまざまなジェンダー差別にあってきたことがおわかりでしょう。

ほんの四半世紀前なのに、女性である私のことを「ブロンド嬢ちゃん」「鼻たれ娘」とあなどってはばからない男性たちがいましたし、女性というだけで職種を「秘書」と決めつけられることもありました。かたや、男性を上回る業績を上げたことで、女性としての私のパーソナリティ、つまり妻としての私、母としての私をないがしろにされそうにもなりました。2010年代になってさえ、「コーヒーは女性が淹れるもの」という固定観念を捨てられない人たちもいたのです。

それでも私が行動し続けることができたのは、今思うに、二つの支えがあったからかもしれません。

ひとつは、12歳の私が抱いた決意が、その後の私の心の奥底にずっとあったためではないでしょうか。「幸せな家庭と有意義なキャリアのどっちも手に入れる」と決めた、あの時の気持ちです。

そしてもうひとつは、やはり家族の存在があったからです。

私の人生における選択を、夫が常にそばで見守ってくれていること、子どもたちが私の行動に「ベリーグッド」と言ってくれること、そして、愛する両親や義父母が、温かく支えてくれていたからなのです。

しかし、人生というのは想像もつかない展開をするもので、天にも昇る幸せな瞬間があったかと思うと、悲痛なできごとが訪れたりします。だからこそ私たちは、その瞬間を味わいつくさないといけないのかもしれません。幸せな瞬間はもちろんのこと、たとえそれが耐えがたい瞬間であろうとも。

日本で働き始めた私は、ミドルエイジと言われる年齢になっていました。そしてそれは、愛する人たちとの永遠の別れが近いことを意味していたのです。

永遠の別れの先にあるもの

私のキャリアを開いた人――義父の死

日本に赴任して1か月弱の頃、出張で一時フィンランドに帰国した時のことでした。あと数日でまた日本に戻るというその日、一本の電話がかかってきました。

義父の訃報を知らせるものでした。

義父が長く患っていたこと、その病気が治るものではないことは、私たちも知っていました。しかし、容態はだいぶ良くなっているのだと、義母は常にＳＮＳで伝えてくれていたのです。

その死は突然で、家族全員が打ちのめされました。

義父こそが、私のビジネスの才能を最初に見いだしてくれた人でした。

義父は私を「3番目の娘」と呼び、二人でよく、フィンランドの経済状況、有望そうなフィンランド株式、さらにはフィンランドの歴史についてまで、語りあったものでした。毎年グレーの靴下を編んでプレゼントしていましたし、母直伝のレシピでニシンのガーリックソースがけを作ると、義父は「なによりの好物だ」と喜んでくれました。

義父の葬儀は、2月の麗しき冬の日、オーランドにある美しい石の教会でとりおこなわれました。13世紀に建てられたこの教会に、義父は子どもの頃から通っていたのです。私は幼い頃から葬儀に参列していたので、両親や祖父母が深い悲しみのなかでも毅然とふるまう姿を見て育ちました。義父の葬儀の最中、「私もみならわなければ」と自分に言い聞かせつつ、ふと窓の外に目をやると、ちょうど鶴の群れが晴れた冬の空へと飛び立っていくところでした。その景色は謎めいて見えるほどにおごそかで、また心が癒やされるほど美しいものでした。

私は、死というものが誰にとっても避けがたく、必ず訪れるものだということを、父方の祖父から教わっていました。

祖父はよく言っていました。

「若い人でも、死ぬことはあるかもしれない。だが私たち年寄りは、かもしれないじゃなく、必ず死ぬんだよ。だからアミ、この言葉を覚えておくといい。
carpe diem!〔ラテン語で「今を楽しめ」の意。古代ローマの詩人ホラティウスの詩の言葉〕

「おまえならできるよ」――大好きな父との別れ

2018年5月29日、私は何度目かの出張で、フィンランドに向かう航空便に乗っていました。フィンランドセンターが20周年を迎える準備でかなり忙しい時期でしたが、今回の帰国では、ひさしぶりに父と母に会えるのをとても楽しみにしていました。

ヘルシンキ空港に着いた私は、いつもどおり到着ゲートにいる夫を見つけました。しかしそこにはなぜか息子も一緒にいたのです。

悪い知らせだ。すぐにそう悟りました。

話すのをためらう様子の夫は、駐車場に向かう途中でようやく言いました。

「アミ、きみのおとうさんが……」

私は、その場にくずおれてしまいました。

父は、家で倒れているところを見つかったのです。すでに、手遅れだったそうです。その週の初めに電話した時には、健康そのものだったのに。父はいつだって、雄牛みたいに頑丈なのに。

なぜ、なぜ、なぜ。

私はいわゆる「おとうさん娘《こ》」でした。

私たち父娘は似たもの同士でした。よく笑うのも、運動好きなのも、旅行好きなのも、おしゃべりで、しかも早口なのも。どちらがより早口かなんて、二人して競い合ったものです。

私が独立してからも、しょっちゅう連絡をとりあっていました。

日本に赴任が決まった時、高齢の両親と遠く離れることが私には気がかりでした。しかし両親はとても元気で、子どもの頃と同じように私の挑戦を応援してくれました。東京にいる私と顔を見て話したいからと、父はわざわざインターネットのビデオ通話の使い方を覚えてくれました。それで毎週、お互いに顔を見ては元気なことを確認していたのです。

私にとって、父は寄る辺であり、岩のように安心感を与えてくれる存在でした。父はウェイトリフティングの選手だったこともあり、見た目も岩のようでした。

誰かに私を紹介する時、父は私が幾つになっても「僕の一人娘、僕のベイビーです」と言いました。そして、こうつけ加えるのです。

「僕の人生に明るい光をもたらしてくれる娘です。この娘の父親であることが、僕の誇りです」

そう言われるのが私には誇らしく、悩むことなく自分の選んだ道を進めばいいのだと、いつも思わせてくれました。

大好きな父、岩のように私の寄る辺になってくれた人、私に道を指し示してくれた人、私のすべてだった人は、もうこの世にいない――。

あまりに憔悴している私を一人にできないと、家族と親戚みなが寄り添い続けてくれました。仕事の都合でいったん東京に戻る際には、息子が同行してくれました。

私は父を送る集まりを「父の人生を祝う会」と名付けました。葬儀という言葉を誰にも使ってもらいたくなかったのです（今もそうです）。一人っ子の私はすべてを取り決めなければならず、たくさんいる父の友人たちに連絡を取り、祭壇を飾る花を注文し、会で流す曲を決め、父の最後の休息の地を用意しました。

父に送る言葉を原稿に書こうとしましたが、どういうわけか文章が出てこなくて、そのまま会の当日の朝を迎えてしまいました。もう会場に向かわなければならないのに、私は

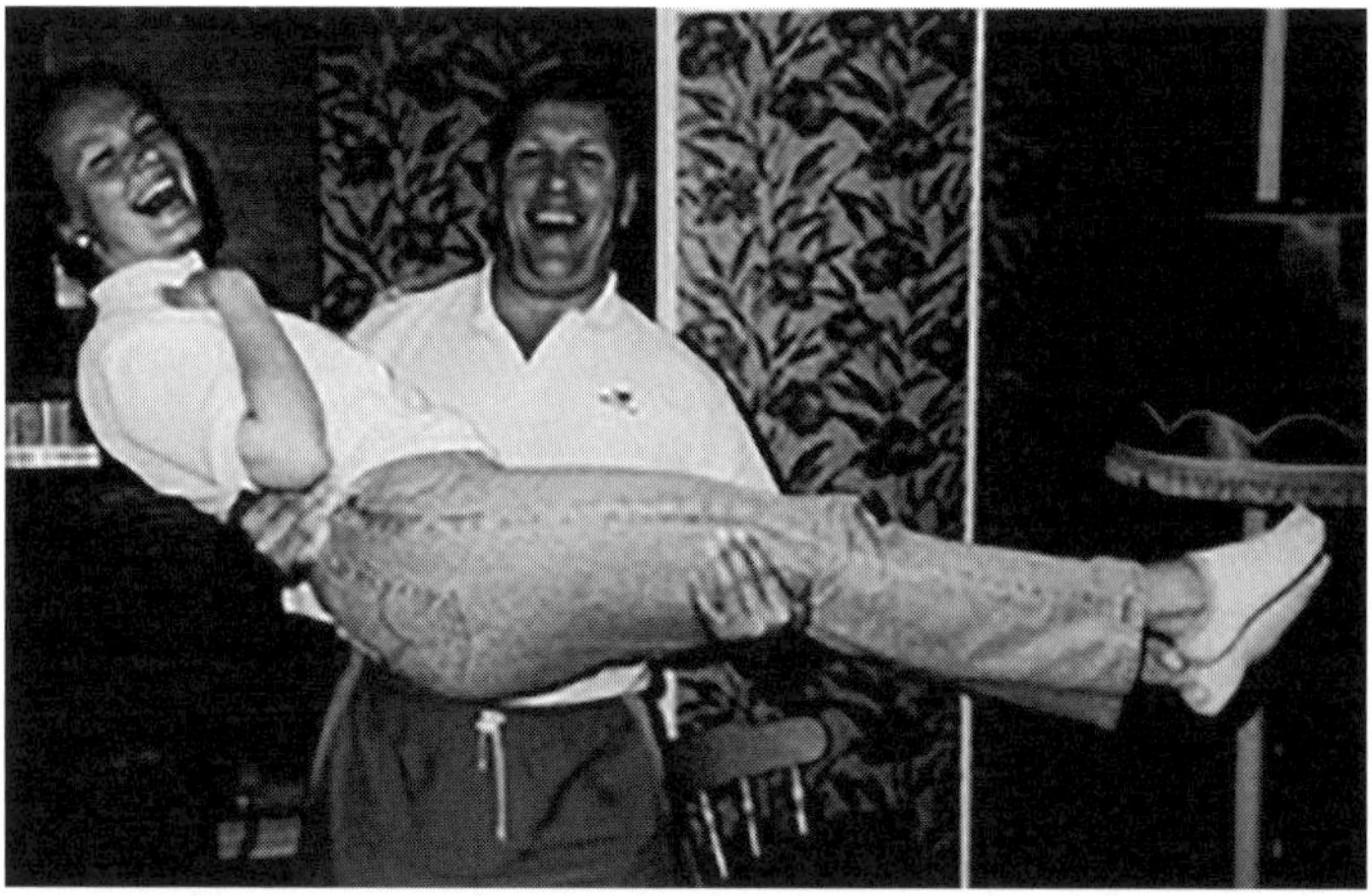

在りし日の父と私

まだ机に向かって悩んでいました。

その時――

父の手が私の肩に置かれるのを、確かに感じたのです。まるでこう語りかけるように。

「大丈夫さ、アミ、おまえならできるよ。できないはずないじゃないか」

とたんに私のペンは動き出し、それまで悩んでいたのが嘘のように、原稿は数分で仕上がりました。


その日はとてもおだやかな日和で、タンペレの街には美しい日差しが降りそそいでいました。故郷タンペレのフィンレイソン教会で、父は最後の旅路の門出を祝われました。

かつて私の結婚式で、誇らしげに私を夫の手に渡した、その教会で。

そして翌年のクリスマスのこと、今度は義母が亡くなったのです。

その年のクリスマス休暇は、ヘルシンキに住む息子も来日し、家族全員で過ごしていました。イブの食卓にフィンランドの伝統料理を並べ、トゥルクに住んでいる時と同じように、0時ちょうどのクリスマス平和宣言にみんなで耳を傾けました。

義母はその頃オーランドの自宅で、夫の姉の家族とクリスマスイブを祝っていました。ネット電話をかけると、モニターの中の彼女はとても幸せそうで、夫と私が次はいつオーランドを訪ねてくるのかと、笑いながら問いかけていました。

その翌日、義母の訃報が届いたのです。

義母はキッチンで倒れているところを発見されたのです。愛犬がその脇で必死に吠え立てていたそうです。

義父を見送ったのと同じ教会で、私たちは義母に別れを告げました。

なぜ、こうも悲しいできごとばかりが続くのでしょうか。

人生という劇場は続く

どんなことにもくじけない。私は、自分のことをそう思っていました。

確かに、誰かからどんな理不尽なことをされても、それを跳ね返す力を私は持っていました。しかし、誰のせいでもなく、どうしようもない不幸には、別の力が必要だったのです。

すべてを受け入れ、そして、立ち直る力です。

2018年の父の死は、私にとって、あまりに突然で、あまりにめまぐるしいものでした。木曜日に到着したヘルシンキで突然の訃報を聞き、信じられないままに金曜日に父に会いに故郷タンペレに向かい、その翌日の土曜日は中学生の娘の卒業式でした。

土曜日の朝、涙で目を腫れあがらせながらも、私は不意に理解しました。

娘は子ども時代を終えて青春時代に入り、愛する父はこの世を去っていく——それが、人生の自然なサイクルなのです。

しかし、このようにいとも簡単に愛する人たちと引き裂かれるなら、人生に何の意味があるというのでしょう。立ち直るには、まだ何かが必要でした。

私が慰みを見出したのは、フィンランドの追悼の辞でした。
「私は逝ってしまったのではない
毎日、あなたのもとを訪れるだろう
朝、陽が昇る時も
夕方、陽が沈む時も
そして、あなたにささやくだろう、『おやすみ、よい夜を』と」
そしてほんとうに、私は父のささやく声を聞いたのです。

それは、私がある講演をしていた時、それも、おおぜいの聴衆を前に話している最中のことでした。

「大好きなアミ、心配しなくて大丈夫だよ。これが人生なんだ」

不意に頭の中に響いた父の声は、まるで私を慰めるかのようでした。

それは、父がよく言っていた言葉でした。


人生は、ジェットコースターのように浮き沈みがあるものだと。バラ色の日々ばかりでないからこそ、おもしろいのだと。

それこそが人生だと。


「だからアミ、何が起きようと、ちゃんと向き合って、とるべき行動をとればいいんだ。おまえならできるって、僕は知ってるよ。

そうすれば、人生はあるべきところへおまえを運んでくれる。

覚えておきなさい、人生という劇場は、そうやって続いていくんだ」

ゆっくりと、少しずつ、私は愛する人たちの死を受け入れました。


彼らは今はこの世にはいませんが、彼らが話してくれたこと、示してくれた愛情は、失くなることなく私の心にあり続けているのです。

私は、愛する人たちが過ごした人生を祝い、私に想い出を残してくれたことに感謝しながら、自分の人生と向き合う日々を取り戻していきました。

人生は、そのように続いていくのです。

Chapter V

ハッピーにつなげるエンパワーメント

ジェンダー平等とウェルビーイング

これまでの章で述べてきたように、フィンランドの女性たちは（私も含めて）、自分の能力を発揮する機会を得ようと、努力を重ねてきました。その動機は、経済的な自立のため、社会を改革するため、自己実現のためとさまざまですが、「自分のウェルビーイングが、家族や社会のウェルビーイングにつながる」と確信していた点は、すべてに共通しているように思います。

ウェルビーイングは日本語ではしばしば「幸福」と訳されますが、ハピネス（幸福感）といった感情面ではなく、日々の暮らしや生き方、とりまく環境や仕組みが、その人によって居心地が良く、肯定的に人生を送れる状態をいいます。

ウェルビーイングという観点で女性のエンパワーメントとその経済効果をみた場合、女性が家庭だけでなく社会でも能力を発揮すれば、本人が経済的に自立できるだけでなく、社会の生産性があがり、経済はこれまで以上に潤うはずです。

また、心理的効果をみた場合には、女性が能力を発揮できれば自己肯定感が増し、充足感を抱くことができます。精神的に充足している人は、周囲に対しても肯定的な働きかけをおこなうことがわかっています。たとえば、精神的に満たされている人は社会活動にも積極的で環境問題への関心が高く、ＳＤＧｓへの取り組みにも積極的になるとされています。

ひとりの女性のウェルビーイングが社会のウェルビーイングに直結しているとは、つまりはそういったことなのです。

社会をウェルビーイングな状態に導くには、女性が能力を発揮できるようにする仕組み、つまり女性のエンパワーメントが欠かせません。その基盤となるのがジェンダー平等社会です。

ジェンダーにおける平等には、個人レベルと公共レベルの二面があり、どちらも等しく重要ですが、日本のジェンダー平等はどちらも後れを取っています。

フィンランドのジェンダーギャップが低いのは、女性が働くことを政府が奨励しているからです。かつて戦争の賠償物を生産する労働力として女性が必要とされたことは第2章で述べたとおりですが、現在のフィンランドでは、別の原因から労働力の確保が最優先課題になっています。その原因とは、フィンランドが就労人口の比率が小さい超高齢化社会であるということです。この点、フィンランドと日本はかなり似た状況にあるといえるでしょう。

しかしフィンランドでは、党派や企業の枠を超えて女性の社会進出に力を入れ、その対策が効果をあげていますが、日本ではあまりそういった動きがみられません。「男女共同参画社会」というスローガンのもとにさまざまな制度が行政や企業の手で整えられているとは聞いていますが、現実として効果が出ていないのは、経済参加指数（第1章参照）からもわかるとおりです。

その原因として、私は次の二つの要因を考えています。

ひとつは、制度そのものが使いにくい、あるいはその場しのぎのものであることです。経営者も政治家も女性の比率が少ない状態ですから、当事者である女性の意見がきちんと反映されていない可能性があります。

もうひとつは、人びとの意識の問題です。

かつて私もフィンランドの義父の会社で経験したことですが、男性は、自分たちの世界に女性が進出してくることに強い抵抗感を持つものです。日本でも、表向きは男女共同参画と言いながら、心の中では社会活動を男の世界ととらえていて、「女は入ってくるな」と考えている男性がまだ多いのではないでしょうか。それが心理的障壁になって、制度はあっても使わせない雰囲気が社会にあるのかもしれません。

一方、女性は女性が社会で働くことには抵抗はないようですが、働く女性に子どもがいると、その態度が一変します。「子どもがかわいそうだ」と言うのです。

この言葉は、私も来日以降何度も耳にしました。実際、出産を機に女性はフルタイム勤務を辞め、子どもがある程度手を離れた時点からパートタイムで働くというかたちが多くなっています。それが男性との賃金格差を生んでいるようです。しかし、私自身フルタイム勤務の両親に育てられましたが、自分を「かわいそう」と感じたことは一度もありませんでした。

また、ハーバード大学の調査によれば、母親が働いているほうが、その娘が成長後に社会的に成功する確率が高いそうです。また息子も、専業主婦のもとで育ったケースに比べ、家事や育児に多くの時間を費やすことがわかりました。母親が働く姿を小さい頃から見せたほうが、子どもはそれを自然なものととらえ、自分も同じ生き方を選ぶのです。その結果、娘は働くことで社会的に成功する機会を得、息子には働く妻を自然にサポートする意識が育まれるわけです。

もっとも、こういった「女性が働いたほうがいい」というデータは、日本でも多く取りあげられていて、先日も、「妻が出産を機に退職した場合と働き続けた場合を比べると、世帯の生涯収入に2億円近い差が出る」（東京都産業労働局「東京暮らし方会議」試算、２０２４年４月）と報道されていました。しかし、「では、私も働かなくちゃ」「妻に働いてもらおう」という声があがったようでもありません。ここが意識改革の難しいところで、頭で理屈はわかっても、心のどこかでひっかかって受け入れられないのです。

そこで私は、そういった「心のひっかかり」を除く方法を、私なりに考えてみました。思いついたのが、第2章・第3章で紹介したミンナ・カントがとった方法です。それは、「自ら行動してみせる」というもの、そして、「行動すれば得をする」と周囲に実感させるというものです。

35歳で未亡人となったミンナは、亡夫の喪が明けないうちに（当時の法律では、配偶者を失った妻は、同じ境遇の夫に比べ、2倍長く喪に服さなければなりませんでした）引っ越したうえ、兄が受け継いでいた父の店に乗り込んで、そこの経営を始めました。当初は批判された行動でしたが、経営を軌道に乗せ、7人の子と自活できる道を作ったことで、周囲に行動の価値を実感させせました。またミンナは女性の教育の必要性を強く主張しましたが、言論にとどまらず、実際に学校を建てて優秀な女性を世に送り出すことで、教育の価値を社会に実感させせました。

人は「社会的価値がある」と言われる以上に、「自分が得をする」と実感するほうが、新しいものごとを受け入れるようになるものです。

私がこれから紹介するのは、行動を起こすためのちょっとしたアドバイスです。ミンナのような並外れた行動力がなくても、今から始められる第一歩を考えてみました。たとえば、「夫と家事を分担する方法」「リモートワークを活用する方法」「ストレスとつき合う方法」といったものです。行動を起こした先に、女性本人と周囲の両方にウェルビーイングがあるように考えています。

もちろん、女性ばかりにがんばってもらうわけにはいきません。経営者にも、女性を雇用し、それが企業にとって大きな利益となる方法をお伝えしたいと思います。そして、制度にもっと女性の声を反映させるために、女性が政治へ進出する方法も載せています。

当然ながら女性の数だけ解決法はあり、私のアドバイスがすべてあてはまるとは考えていません。しかし、私のアドバイスの核となっているメッセージは、いつも同じです。

『すべての人がジェンダーに関係なく輝ける社会をめざしましょう』

働く女性へのアドバイス

ここでは、家庭生活と仕事のバランスのとり方のヒントを紹介します。
ポイントは、「やったほうがいいこと」と「やらなくたって大丈夫なこと」を切り分けていくことです。

夫と家事を分担するには

気持ちよく生活を送る権利は誰にもあります。それは働く妻だって同じ。朝食を気分よくとり、仕事を軽快にこなし、夕食と余暇をゆったり過ごして、たっぷり睡眠をとりたいのです。

しかし現実はといえば――。

朝食で子どもがだだをこねて、保育園に行きたがりません。どうにか園に預けて出社しましたが、重要なプレゼンがあるのに髪はボサボサ。さらに出社時刻がギリギリだったため仕事が押せ押せになり、保育園のお迎え時間に遅れてしまいました。友だちにおいてけぼりをくった子どもは、かなりご機嫌斜めです。

夕食を作ろうとしましたが、予定していた料理の材料がなぜか冷蔵庫になく、カッテージチーズ入りニンジンスープに切り替えることに（この手抜き料理を食卓に出すのは、今週もう何回目でしょう）。そして夕食後には、まだぐずっている子どもを風呂に入れ、読み聞かせをし、寝ついたらおもちゃを片づけ、洋服を洗濯機に放り込みました。

夫とゆっくり話したい。そう思っている妻に、心優しい夫がお茶を用意してくれたとしても、マグを手にキッチンから出てきた夫が目にしたのは、ソファで眠りこける妻の姿です。


あ、これ、自分のことだ。読んでいて、そう思いませんでしたか。


でも、ちょっと考えてください。

なぜ、あなたひとりですべてやって、夫（パートナー）にやってもらっていないのですか。

食事の支度も、片づけも、洗濯も、すべて自分の役割だと背負い込んではいませんか。

そもそも、これまでに「家事の分担」をきちんと夫と話し合ってみたことがありますか。

会社での仕事量などを考慮しての合理的な話し合いをしたことはありますか。

ジェンダー平等の理想からいえば、食料品の購入と食事の支度、洗濯と掃除、幼稚園の送迎、子どもの世話をうまく分担すれば、ウェルビーイングな暮らしを営めるようになります。

しかしそれには、あらかじめ話し合うことが必要不可欠です。そして実際にやっていくなかで、バランスがおかしいようなら、また話し合うのです。その繰り返しが重要なのです。

家事分担のアンバランスが原因でもめる夫婦は、フィンランドでも少なくありません。フィンランドでは伝統的に、室内の家事は女性の分担、屋外での力仕事や突発的な作業、たとえば家具や自転車の修理などは男性の分担という風潮があります。みなが農民だった時代ならさほど不公平ではなかったのでしょうが、現代社会では日常的に時間が取られるのは女性のほうです。

そういったわだかまりは、関係が壊れる一因となりかねません。

私たち夫婦の場合、互いのキャリアについて、すべてをオープンにして話し合っています。

夫は会社を経営しており、私たち家族を養うだけでなく従業員の生活も背負っています。

ウィルヤネン家の家事分担。この日は夫が床掃除！

しかし私も、それなりに大きな責任を負っています。

ですから正直な話、話し合いは、キャリアのバランスと家事のバランスをどう連動させるかにありました。

今、どちらの仕事のほうが、重要な局面にあるか。

今、どちらのほうが、集中して業務にかからなければならないか。

スケジュール的に、保育園の送迎にいきやすいのはどちらか。

どちらのほうが、夜に子どもの相手をできるだけの体力を残しているか。

買い出しは。食事の用意は。掃除は。洗濯は。

こういったことを一つひとつ検証して

いったのです。

こういうアドバイスをすると、みなさんの中には、「でも、うちの夫は、いままで家事なんかしてこなかったから」と、尻込みする人がいるかもしれません。でも大丈夫。私の夫も、家事をいっさいすることなく育ってきた人でした。

私の母はずっと働いていて、私は子どもの頃から掃除や庭仕事、料理を手伝ってきましたが、夫の母は専業主婦で、3人姉弟で唯一の男の子だった夫は家事を何ひとつしてきませんでした（彼が言うには、「いやいや、お湯は沸かしたことがあるよ」とのことでしたが）。

だからでしょう、大学に入って同居を始めた際、私が掃除の分担を提案すると、夫は「なんだか訳のわからないことを言い出したモンスターがいる」という顔でこっちを見返してきました。私が理路整然と「私とあなたの勉学の負担が等しいならば、家事の負担も等しくあるべきである」と述べたてると、夫は悩んだあげく床掃除を選びました。

こういった話し合いは、今に至るまで続いています。状況は常に変化するのですから、一回で済むわけがないのです。


そうそう、掃除といえば、どんな状態が「掃除がいきとどいている」「きちんと整理整頓されている」といえるのか、その基準を夫婦の間ではっきりさせておいたほうがいいと思います。あいまいなままだと、いくら平等に分担して作業をしても、「ねえ、もっときれいにできないの?」「なんだよ、これで十分じゃないか」と、やはりもめる原因になります。料理への手のかけ方、洗濯物の干し方・たたみ方なども同様です。

価値観の違いはそうそうは埋まらないものですから、そこは妥協点を、つまり「これぐらいの埃《ほこり》は、見逃してやってもいいか」というところを探ることも、お互いのために大切です。

今ではこのようにみなさんにアドバイスをしていますが、フランス系化粧品メーカーに勤めていた頃の私は、冒頭で記した「何もかも自分でする忙しい妻」そのものでした。働き始めたのは、息子が1歳半の時。息子にそっぽを向かれるほど家庭生活が圧迫されていったのは、第4章に記したとおりです。

当時の私は、自分の仕事も、職場チームも、そして家事も、すべてを自分で管理できると考えていました。

午前6時に起き、エスプレッソを少なくとも3杯飲んでエネルギーをチャージすると(今でも飲んでいます)、私のバタバタした一日がスタートしました。

息子の保育園は朝7時半からだったので、いちばんで息子を預け、朝食もそこで食べさせてもらっていました。そうしていたのは、車で40分かかる会社にチームメンバーより前に出社し、一日の業務計画をきっちりと立てるためでした。退社後も、40分かけて保育園にお迎えに走りました。夫に頼めばお迎えをしてくれるのですが、私は「自分できちんとできる」と証明したかったのです。

しかし会社と保育園をつなぐ道はいつも混んでいて、私はしょっちゅう「渋滞で遅れます」と電話をして、保育士さんに待ってもらっていました。息子をひきとったら食料品を買い、遅い夕食の準備をしました。ストレス解消のための運動時間はなんとか取りましたが、その分、睡眠は短くなりました。

結果として、疲労感が増し、仕事に100％の力を発揮できなくなりつつありました。この会社に勤める前、私は夫と「3年間はサポートをしてもらう」という取り決めをしていました。しかし完璧主義がわざわいしてか、私は社の売上目標を毎月完璧にクリアしたかったし、完璧な母、完璧な妻でもいたかったのです。その結果、せっかく話し合いで家事を分担したにもかかわらず、「ひとりで抱えこむ」という状態に陥ってしまうことになりました。

そんな私だからこそ、こうアドバイスできます。

完璧主義は、家事分担の阻害要因であり、ジェンダー平等の障壁、ひいてはあなたのウェルビーイングの敵です。完璧主義者で何もかも背負うと、最後には疲れ切って、結局は何もできなくなります。人は何もかもは背負えないのですから、「これはできない」という境界線を作ることが大切です。

完璧主義の人ほど難しいでしょうが、「人に頼ること」もタスクの一部と思って、「私、これはできないみたいだから、お願いできるかな」と、声に出してみましょう。

ウェルビーイングなリモートワークとは

2020年からの新型コロナによるパンデミックは、私たちの労働習慣を変えました。リモートワークが一挙に普及したからです。私たちは自宅で仕事をする便利さに気づく一方、仕事とプライベートを切り分ける難しさも知ることになりました。

リモートワークの便利な点としては、通勤時間が節約できること、ビジネススーツを着なくてもいいこと、家族との時間を取りやすくなったことがあげられます。私自身、リモートで働くのが好きでした。急な来客がなく電話も少ないので効率的に仕事ができるし、休憩時間にヨガや家事ができ、それで元気をもらって仕事に戻れたからです。

しかしパンデミックが進行し、夫も子どももリモートワークになると、状況は変わりました（もっともわが家の場合は、夫はもともとフィンランドからのリモートワークでした）。休憩でのんびりしたくても家族がリモート会議中なら静かにしていなければならず、それぞれのオフの時間がかみ合わなければ家にいてもなかなか話せないのです。

この状況、どうすればいいでしょうか。


第一にすべきは、やはり家事の分担です。わが家の場合、私に遅くまで仕事が入った時は、夫が買い物係兼食事当番でした。一方、夫が会議をしている間は、私は2匹の犬を連れて散歩に出ていました。

また、リモートワークは、いってみれば家庭に仕事が入り込んできた状態ですから、オフィシャルとプライベートの区別をつける工夫が必要です。

その際にキーとなるのは、家族のスケジュール表づくりです。静かさを求められるリモート会議の予定（子どもはリモート授業の時間割）を、みながわかるように一覧にします。そのうえで、静かに、しかし心地よく過ごせる場所を考えておきましょう。

気持ちのオンとオフの切り替えも必要です。

オンへの切り替えとして、私はリモート会議のあるなしに関係なく、仕事時はビジネス用の服に着替え、メイクもしました。口紅だけでも気分が変わるものです。

一方、オフへの切り替えとしては、仕事に使ったもの、たとえばパソコンや業務連絡用のスマホ、書類やペン、付箋に至るまで、すべて目につかない場所に片づけました。仕事を思い出させるものを何ひとつ残さないのです。代わりに、仕事に使ったテーブルには、家族が幸せを感じられるような小さなものを置きました。たとえば、花やチョコレートを入れた皿、キャンドルなどです。そういった小さなことが、実はとても大切なのです。
　また、在宅勤務ではパソコンの前に座り続けがちになりますから、心と体の健康のためにも休憩時間の確保は必須です。45分ごとにスマホのアラームが鳴るようにセットしましょう。鳴ったら必ず椅子から立ち上がって、何か気分の良くなることをしてください。私の場合は、ヨガでした。

　もちろん、仕事のやり方も家族構成もみな異なりますから、私に効果があったことが必ず有効だとは限りません。いろいろ試して、自分に合った方法を見つけてください。

ハピネス投資をはじめよう

あなたのハッピーをさまたげるもの

さて、ここで質問です。

働くあなたは、今、ほんとうにハッピーですか。

少し重すぎる内容ですね。言いかえましょう。今朝目が覚めた時、「ああ気持ちいい。今日も絶好調だ」と思いましたか。それとも、「ベッドから出たくない。職場の人と顔を合わせるのが、なんだかうっとうしい」と思いましたか。

ハピネス（ここでは「幸福感」）という言葉の定義はいろいろありますが、私はポジティブ心理学者ソーニャ・リュボミルスキーの定義が好きです。

「自分の人生を〈意味があるもの〉と思える時、〈よい人生だ〉と実感する時に、感じているもの。喜び、充実感、前向きなウェルビーイング」

定義からするとハピネスは簡単に感じられそうなのに、仕事も家庭も順調にもかかわらず、なぜ「あ〜あ、仕事、行きたくないな」と思ってしまうのでしょうか。

あなたをネガティブにしてハピネスから遠ざけているもの、そのひとつに期待感からくるプレッシャーがあります。正直なところ、今日の女性が直面している期待とプレッシャーは半端なものではありません。

そもそも人は男女を問わず、生まれたその日から期待され続けるものです。親は子どもに「健康であれ」「賢くあれ」「立派に育て」、そして「できればいい学校を出て、優良企業に勤めて、いい人と結婚して、豊かに暮らして」と期待しますが、子どもからすれば、どれもプレッシャーです。

これが女性になると、さらに、子ども時代は「かわいらしく」、成長したら「美しく」と期待され、「女性らしい趣味と振る舞い」「育ちの良さ」「家事を上手にこなす」も加味されます。結婚が決まれば「素敵な式を」と言われ、しばらくすると「そろそろベイビー」と期待され、生まれれば「立派に育てろ」と期待されるのです。

働く女性は、それに加えて、職場から「いい仕事をしてください」という要求もなされるのですから、いっぱいいっぱいになるのは当然です。そのうえ、「弱音を吐かないのが、できる女」というプレッシャーも背負わされているのです。

女性にプレッシャーをかけているものは、なんでしょうか。

今述べた「周囲からの期待」だけではありません。はっきりいえばすべてがプレッシャーの原因です。伝統が、社会が、男性が、そして他の女性が、プレッシャーを与えています。

なかでも、私が日本で最も気になったのは、女性が別の女性に対して無意識のうちにプレッシャーを与えている姿です。たとえば温泉で、女性が別の人の身体を値踏みするようにじっと見ているのにはほんとうに驚きました。

容姿に限らず、何かで他人と自分を比較することほど、プレッシャーのかかることはありません。これは結局のところ、比較される相手でなく、比較する自分のほうに「他人よりも幸せな自分でいなければ」というプレッシャーをかけることになるからです。

逆説的な話ですが、「ハッピーになろう」と追えば追うほど、アンハッピーになります。もう、追うのはやめましょう。その代わりに、ハピネス投資を始めましょう。

「ハピネス投資」って？

ハピネス投資とは、自分が「これをやるとハッピーだなあ」と感じるものに、時間と手間を投資していくことです。ハッピーでいれば、プレッシャーを跳ね返す力が強まるのです。

何に投資するかは、あなた次第です。何が自分を幸せにするのかは、あなただけが知っているのですから。そして、ハピネス投資によって人生に変化を起こせるのもまた、あなただけです。

ハピネス投資の対象は女性の数だけありますが、私がやっていたものをこのあといくつか紹介します。

そのおかげで、私はプレッシャーのなかで忘れそうになる〈自分〉を常に取り戻すことができました。いわば、ハッピーになるおまじないでした。

よいプレッシャー、悪いプレッシャー

実は、プレッシャーもすべてが悪いわけではありません。適度なストレスを感じる程度のプレッシャーならば、アドレナリンの分泌が促され、大切な場面でのパフォーマンスを高めてくれます。

私の場合、子どもの頃の音楽演奏会では、いつもプレッシャーからストレスと緊張を感じていました。しかし客席で見ていた両親によれば、演奏を始めて5分ほど経つと、私がなんだかキラキラ輝きはじめたそうです。確かに、それぐらいから演奏が楽しくなり、観

客の感情が演奏で変化するのをおもしろく見ていたのを覚えています。博士号の学会発表でも、プレゼンを始めた時点ではひどく緊張していたのに、やはり5分ぐらいから楽しくてたまらなくなりました。

どちらも、適度なストレスがパフォーマンスを上げてくれたおかげでした。

ちなみに私には、こういう場面に起きる過度の緊張をほぐすおまじないがありました。両親のこの言葉です。

「アミならできる。それがおまえに示された道なら、きっと手に入れられる」

問題となるのは、ストレス状態がずっと続いて、緊張がいっこうにほぐれないケースです。ずっとプレッシャーが与えられ続けると、ストレスは悪い影響を及ぼすようになります。

一例を挙げてみましょう。

彼女は重要なプロジェクトを任されたのですが、上司は進め方の指示を与えず、こちらが質問する機会もありません。手探りでの進行が続いて残業が増え、疲れきって帰宅した彼女は、余暇はソファでテレビを見るぐらいしかできず、眠ってもその疲れはとれないまます。

そうこうするうちに、物忘れをするようになり、創造力がわかず、問題に直面しても解決策を見つけられなくなり始めました。楽しいはずの友人とのつきあいも、疲れしか感じなくなってしまいました。

倦怠感に物忘れ、思考力減退、そして対人関係の忌避。すべて、慢性的なストレスが原因で生じるものです。

私も某企業にいた頃こうなりかけましたが、ハピネス投資のおかげでなんとか切り抜けることができました。では、私のハピネス投資を紹介しましょう。

【私のハピネス投資1】ランニング

仕事であまりにストレスがかかった日、私は帰宅後にランニングをしました。始めたのは単に走るのが好きだったからですが、リラックスに良い方法だとすぐに気づき、習慣になったのです。

仕事のストレスを発散し、頭を空っぽにし、息子や夫とゆったり過ごす準備が整えられたのは、ランニングのおかげでした。それが昂じてマラソンに挑戦したのは第4章に書いたとおりです。

初めて出場したのは、ヘルシンキのハーフマラソン大会でした。

スタートラインに立った時、体中をアドレナリンが駆けめぐるのを感じました。そして走り始めて数分すると、私は走る道のりを芯から楽しんでいる自分に気がつきました。

ストレスは本来ならば、このようなポジティブな効果を与えるものなのです。


そういえばこの大会の時、ちょっと笑えるできごとがありました。

沿道で応援してくれる家族の脇を通り過ぎた時のことです。まだ幼かった息子が、大きな声で私の父に言ったのです。

「あんな苦しそうなのに、なんでみんな走ってるの？　マラソンってのはクレージーだよね、おじいちゃん」

周囲は爆笑の渦でした。

【私のハピネス投資2】エクササイズ

ヨガなどのエクササイズも、私のハピネス投資にはぴったりでした。体を動かすと気分がいいし、プレッシャーから解放されて、心が静まり、思考がクリアになりました。

私は日本でもヨガのジムに通っていたのですが、ある時、日本の友人に「土曜日の朝のヨガのレッスンが待ちきれない」と言うと、彼女は驚いた顔で言いました。

「え？　その分、ご主人やお子さんと過ごす時間が減っちゃうじゃない」

私は答えました、「逆よ、ヨガは家族のためでもあるんだもの」

ヨガのセッションを終えた私は、気分が落ち着いて小さな悩みごとも消え、家に戻る時にはすっかりご機嫌になっています。

「おかげで、穏やかで理解ある母と妻になれるのよ。ね、家族のためでしょう？」

息子を産んで育児休暇に入っていた頃も、赤ちゃん体操にママ友たちと通いました。おかげで育児プレッシャーからくるストレスが和らぎ、ママ友といっしょにこの喜びあふれる育児とキャリアをいかに両立させるかと、未来のビジョンをポジティブに語り合えたのです。

お断りしておきますが、私はトレーニングジムの宣伝をしているわけではありません。しかし科学的にもエクササイズは体に良く、ハピネスとウェルビーイングに寄与すると証明されているのは確かです。ある実験によれば、体を動かすと幸福ホルモンと呼ばれるエンドルフィンが分泌され、ポジティブな気持ちになるとのことです。また定期的にエクササイズしている人は睡眠時間が長く、睡眠の質も向上するそうです。

質の良い睡眠は多くの益をもたらし、恒常的な睡眠不足は生活の質を低下させ、健康を害していきます。睡眠不足が続くとコルチゾールの値が高くなるそうですが、これは体にとっては感染症に苦しむ状態と同じで、細胞が早く老化するとのことです。かつての私はついつい睡眠不足になっていましたが、知らなかったとはいえ、せっせと老化に励んでいたとは恐ろしいことです。

最初は、ちょっとしたエクササイズでいいのです。散歩でもかまいません。仕事で大変な一日を過ごしたなら、近所を歩いてみましょう。ネガティブな感情が消えて頭がすっきりし、家に戻る頃には、置かれた状況にどう対応すればいいのか、答えが出ていることでしょう。

【私のハピネス投資3】深呼吸

もっと簡単で、すぐに利益が出る投資先をお教えしましょう。それは深呼吸です。これを教えてくれたのはヨガ・インストラクターに転身したフィンランド女優で、雑誌のインタビュー記事で語っていたのです。

「困難な状況に直面した時は、深呼吸がいいんですよ。少なくとも10回ね」

息を吸う時は両手を広げて、肺が空気で満たされるのを感じ、吐く時は肺から胃の底まで、すべての空気を吐き出すとのことでした。

ええー、そんな単純なことでいいのかしら。

はい、それでいいのです。

ある月曜日の朝、私がパソコンを開くと、問題ありのメールが何通も届いていました。週初めから、ほんと最悪です。

気がつくと、「いったいなぜ、月曜日の朝にこんなメールを受け取らなければならないの」と、それればかりをぐるぐる考えて、何も手につかないままになっていました。呼吸も速くなっていました。

その時、ふと、例の記事を思い出したのです。

やってみました、深呼吸10回。

なんと、パニックめいた気持ちが落ち着き、メールを広い視野で見直し、「こんな問題、やっつけてやるわ」と挑みかかることができたのです。

【私のハピネス投資4】いいことを五つ

2020年、新型コロナによるパンデミックが始まり、今まであたりまえだった暮らしができなくなった時、私たち家族は新しい習慣を取り入れました。バラバラに暮らす私たちは毎晩通話アプリで話していたのですが、パンデミック以降は、その日にあった「いいこと」を五つずつ、伝えあうようにしたのです。

すると、パンデミックのせいで生じたつまずきやあきらめが、小さなこととして気にならなくなり、前向きな気持ちになれました。

「こんなにもいいことがあるじゃない。神様ありがとう」

そういう感謝の気持ちが生まれてきたのです。

感謝の心を持つと、エネルギーが湧いてきます。気分がふさいでいる時には、いいことを数えてみると、今の自分が持っているものに感謝したくなります。

たとえば、パンデミックにさえ感謝できます。

パンデミックは私たちから、オフィスでの仕事、親戚や友人との集まり、教室で受ける授業を奪いました。しかし、そのおかげで私たちは、顔と顔を合わせてコミュニケーションを取れる大切さを知ることができたのです。ありがとう、パンデミック！　パンデミックがおさまった今では、多くの人が、誰かと集まって食事をする機会を大切に思えているのではないでしょうか。

もし何かに不満を感じたなら、ないものを欲しがる代わりに、今持っているものに集中してみましょう。マイナスの面ではなく、プラスの側面に焦点をあてるのです。あなたがあたりまえに持っているものが、手に入れられない人もいるのです。

不満ばかりを抱いていると、ないものねだりのままで人生の秋を迎えている自分に気づくことになるかもしれません。欲しがってばかりはもうやめて、今ここにあること、この瞬間に集中してみましょう。いいことが五つ、きっと見つかるはずです。

【私のハピネス投資5】何もしない一日

これまでの投資は「何かすること」を前提としていましたが、最後にお勧めするのは「何もしない一日」です。これが、実は最も効果的な投資先です。

できれば、戸外で過ごすのがいいでしょう。草の上に寝転んで流れる雲を見つめるなどは、何もしない一日にはぴったりです。「自分がそこにいる」ということだけを意識して、息を吸っては吐く、それだけを考えていましょう。スマホは家に置いていくか、少なくとも目に見えないところにしまい、取り出さないようにしましょう。

「骨休みの日」とか「フロー・デイ」（「流れに身をゆだねる日」あるいは「心を満ち潮に戻す日」）と名づけてもいいかもしれません。いつをその日にするか、たった今決めて、手帳に書き込みましょう。

こうした日が大事なのは、私たちが24時間絶えず刺激にさらされているからです。プレッシャーに押しつぶされそうな時には、いい考えは浮んできません。
だからこそ、フロー・デイが必要なのです。

経営者・人事担当のみなさんへのアドバイス

ここでは、経営者や人事担当のみなさんに、多くの女性を雇用し、活躍してもらう方法を紹介します。

採用面接から始めて、社内で活躍してもらうためのウェルビーイング改革と広報戦略、そして退職時の面接での情報収集について、具体的なノウハウになっています。

女性を会社にひきつけるには、まずは経営者のみなさんがジェンダー平等に関心を持つことが先決です。男女を平等に扱えば、女性は能力を発揮し、優れた管理職として活躍するでしょう。女性管理職が増えれば、ジェンダー平等はますます進んでいきます。

マーケティング戦略としてのジェンダー平等

みなさんは見逃しているかもしれませんが、ジェンダー平等は、企業にとってとても強力なマーケティング・ツールです。企業のイメージアップに有効で、販促にもなり、また有能な人材をひきつける効果もあります。超高齢化社会で労働力が不足している日本では、このイメージ戦略はかなり有利に働くはずです。

ジェンダー平等をマーケティングとして考える視点が備われば、社のジェンダーの現状をSWOT分析にかけることもでき、対策がみえてくるでしょう。みなさんの会社の場合、ジェンダーにおける長所（Strength）、短所（Weakness）、機会（Opportunity）、脅威（Threat）は、それぞれ何でしょうか。

SWOT分析をした後、社内改革を進めるにあたっては、四つの局面に分けて、同時に実施すると効率的です。

①雇用時の機会均等

②ジェンダーの多様性をフォローし得る職場にし、その体制を確実なものにする

（内容を①に還元し社のイメージアップ）

③女性社員のサクセストーリーを組織の内外に広める

（①に還元して社のイメージアップ、②に還元して社員のモチベーションアップ）

④退職する女性社員に面接し、なぜ会社を去るのかについて聞く

（収集した情報は①②③に活かす）

ただし、ジェンダー平等に向けた取り組みが上辺だけのものだと、たいていは見抜かれてしまいます。誠実さ、透明性、柔軟性を持ち、社員のウェルビーイングの重要性を忘れ

ないでください。もっとも、これは女性社員に限らず、すべての社員に対する際にいえることですね。

以下、それぞれについて解説していきます。

雇用時の機会均等

ジェンダー平等のアピールは、求人募集の社内要項づくりから始まります。男女に平等に門戸が開かれていること、同一労働同一賃金であること、昇進の見通しの平等性を明記します。こういった内容は、応募者が2社以上内定をもらっているケースで、自分の会社を選んでもらうポイントになります。

募集広告は企業のブランド構築を左右しますから、記載内容は慎重に考えるべきでしょう。職種内容だけでなく、ジェンダー平等の推進状況、障害者や弱者への対応などにも焦点をあてるといいでしょう。

「さまざまな勤務形態を選べる」という情報を提供するのも、良いアイディアです。できれば、フルタイム、パートタイム、リモートワーク、オンサイト〔業務の一部を委託されておこなう。出社やリモートアクセスを毎日しなくてもよい〕、プロジェクトベース〔課題が達成されるまでの期間、業務を請け負う〕と、さまざまなバリエーションを作っておくと、女性が仕事と家庭のバランスをとりやすく、応募者の枠を広げる効果をもたらすでしょう。

こういった内容が、経営者がジェンダー平等を真剣に考え、社員のウェルビーイングに積極的だということを、自然に示してくれるのです。

面接では、まず応募者が仕事に何を望んでいるのか、そして雇用者側が人材に何を期待するのか、募集する職種にどんな課題があるのかを、率直に話し合う機会を作りましょう。これは入社後の人事の定期面接にも使えます。

家庭を持っている女性には、どのような勤務形態なら働きやすいかも尋ねるといいでしょう。しばらくキャリアを離れていた女性には、元の職の勤務状況のほか、職場から離れていた期間のことも聞き取っておくと、その後の職場配置が楽になります。

採用面接の担当官の顔ぶれにも、注意してください。男性ばかりが並ぶと、ジェンダー平等の取り組みに疑いを持たれてしまいます。

ジェンダーの多様性のフォローと社内改革

●社内改革プログラムの作成

ジェンダー平等に向けた課題は多く、またその対策もさまざまに出てくると思います。

まずは、課題と対策を連動させたプログラムを作ると、状況が整理でき、対策を実行しやすくなります。1か年、3か年、5か年スパンで達成目標を設定するとともに、中間目標も立てておきましょう。そうすれば、プログラムどおりに進捗できていない場合の調整がしやすくなります。

プログラム作成の際は、経営側の希望だけでなく、社員の意見も聞き取って反映させましょう。社員によって、ジェンダー平等に対するニーズが異なるからです。

プログラムと併行して社内に専門のワークグループを作り、進捗状況を視覚化しましょう。職場の隠れたジェンダー差別や偏見を見つけ、根絶するのにも役立ちます。

●ウェルビーイングな職場環境づくり

社員のウェルビーイング（働きやすい職場環境づくり）は、会社の成長のカギです。職場が快適ならば、社員の感覚が研ぎ澄まされて革新的なアイディアも出やすく、生産性が増し、困難な状況への対応力も上がります。また、社員が気持ちよく働く姿は、企業の良いイメージを広めてくれます。反対に、職場に問題があると社員の気持ちがふさぎ、企業の生産性だけでなく、家族や友人にも影響を及ぼしてしまいます。

福利厚生の現状をチェックし、場合によっては改善策を進めていきましょう。採用段階で好条件の福利厚生を提示できれば、応募者も増えるはずです。

改善の一例としては、社員の体格はみな異なるものですから、会議室やラウンジなど社員が共通で使う椅子や机の高さを調整可能なものに変更する、といったことが考えられます。こういった小さな不満は表面化しにくいので、聞き取りやアンケートで社員の声を集めたうえで、文書化して社内に公表し、意見のすり合わせをするといいでしょう。

●労働時間

労働時間も、女性社員にとっては重大な問題です。現状として女性は男性よりも家事や育児をひきうけており、その分、退社時間の融通が利きません。私も息子の保育園のお迎えでは、ぎりぎりまで会社にいては渋滞に巻きこまれ、保育士さんを待たせてばかりでした。自分が園に迷惑をかけ保育士さんの労働時間を長引かせてしまうことに、精神的なダメージを感じたものです。

私の場合は育児でしたが、介護でも同様のケースがあるでしょう。

このように、労働時間は社員のウェルビーイングに密接に関係しますから、柔軟な対応が必要です。状況に応じてリモートワークに自由に切り替えられるかたちにすれば、子どもが病気になった場合や、親の介護などをしている社員には、大きな安心材料になるでしょう。

●職場のドレスコード

職場での服装も、ウェルビーイングに関係するケースがあります。社員が服装を自分で決めていい状況ならば、経営側が強制しないほうがいいでしょう。

特に靴。本人が履きたくないなら、ハイヒールを履かなくてもいいと思います。私は決してハイヒールが嫌いではないのですが、朝から履いていると、午後にはたいてい足が痛くなります。体のどこかが痛めば、当然ですが、仕事にしっかり集中できなくなるものです。

女性社員のサクセスストーリーを広めよう

企業のイメージ戦略には、口コミが大きな影響を与えることは、よく知られています。そして、良い口コミよりも、悪い口コミの方が拡散しやすいことも。ジェンダー平等のイメージをキープするには、良い口コミを絶えず流さなければなりません。

口コミで興味を持たれやすいのは、自分に近しい話題です。社内の女性社員のサクセスストーリーを積極的に公表していけば、社内の他の女性社員も、外部の女性も、強い興味を持ってくれるでしょう。社内ならば、「自分もやってみよう」と思い、社外なら「この会社で働きたい」と思ってもらえるのではないでしょうか。たとえば、管理職の募集に手をあげたいけれども他の女性社員の目を気にして二の足を踏んでいる人、あるいは自分に自信が持てない人の背中を押すことになるかもしれません。結果として、管理職になろうと考える女性が増え、女性幹部の比率もあがっていくでしょう。

成功談の口コミを社内のすみずみに伝えるために、社員向けのコミュニティサイトをつくり、ときおりそこで女性を対象としたスペシャル・イベントを開催してもいいのではないでしょうか。お互いに体験談を語ったり助言したりできる場にするのです。そうすればお互いに力づけ、安心しあうことができるでしょう。就職を考えている外部の女性向けに、女性社員と語るイベントを開くのもいいと思います。

社員の退職は情報収集のチャンス

採用時の面接と定期的な社内面接に加え、退職時の面接をおこなえば、社員の働く意識や社に抱いている感想を一連の流れでとらえることができます。さらに、そこで得た情報はこれからの社内改革に活かせます。女性社員が退職する際には、「なぜ自社ではなく、他社でキャリアをあげたいのか」という点を聞きとれますし、家庭に入るための退職というケースならば、「どういった点で仕事と家庭のバランスが取れないと思ったのか」を知ることができます。

退職時の面接は、経営側は会社の長所と短所を客観的に知ることができ、退職する社員も社のジェンダー平等への意見を残すことで、残る社員のウェルビーイングに貢献できます。退職した社員が外部で社のジェンダー平等を評価してくれれば、サイレント・マーケティングの効果もあるでしょう。

女性政治家を増やすためのアドバイス

毎年毎年、日本政府は「男女共同参画社会」に向けた施策をさまざまに講じています。多くの計画が発表され委員会もいくつも設立されていますが、その進展はかなり遅く、いったい何をやっているか私たちには見えてきません。

これはやはり、女性の閣僚や議員、官僚が少なく（人口比では女性のほうが多いのに！）、政策立案過程に女性の声が反映されないためでしょう。男性目線で考えた対策をいくら講じても、実効性はないのです。意思決定プロセスにもっと多くの女性が参加していかないと、状況は変わらないのではないでしょうか。

政策立案過程に多くの女性を送り込むには、社会全体が女性の価値を認め能力を発揮できる方向へと動いて、男性本位の政治環境を変えていかなければなりません。時代はもはや変わっているのですから、政治のあり方もその運用体制も、変わるべきなのです。

しかし現実問題として、女性の政治家は数が少ないだけでなく、多くの障壁がその活動を阻んでいます。

第一の障壁は、「女性は政治に弱い」とみなされている点です。特に防衛や財務の分野では顕著で、「これは男の仕事だ」といわれます。しかし考えてみてください。男性がごくあたりまえに産婦人科の医師になっているのに、なぜ「女性は財務大臣になれない」というのでしょうか。

第二の障壁は、選挙に立候補するのにも政治活動をするのにも、日本ではかなりのお金がかかる点です。協力的な資金提供者がいるか、少なくとも資金調達のネットワークが必要ですが、経済界で活躍する女性が限られているなかで、そういったネットワークを作るのは容易ではありません。

第三は、政治活動と家庭の両立が難しい点です。政治活動と同時に家事をこなす解決策として家事をアウトソーシングすることは可能ですが、「家事は女性がするもの」という社会通念があるため、票を減らす原因になるのです。

第四は、当選して政治家になれたらなれたで、女性議員が珍しいので世間の注目にさらされるという点です。髪型や服装といったプライベートもメディアの話題にのぼります。議員の子どもにとっては母親が揶揄される姿をメディアで目にすることになり、負担が大きくかつ有害です。

最後の障壁は、私はこれが最も大きな障壁だと思うのですが、女性の多くがそういったことに無関心だということです。

日本の女性は、この不平等な状況を半ば受け入れているように私には見えます。なぜ状況を変えるアクションを起こさないのか、フィンランド人の私には不思議でたまりません。日本の人口は半分以上が女性であり、その声がまとまれば男性を圧倒することだってできるのに、なぜ静観し続けているのでしょうか。

女性の能力がもっと評価され、ジェンダーによる偏見が薄まれば、女性が政治家になる道は広がるはずです。男性にはないアイディアを持つ顔ぶれが政治の世界に入っていけば、女性たちももっと政治に関心を持つようになり、投票率が上がるでしょう。女性有権者と女性政治家が双方向で影響し合うようになれば、メディアの関心は興味本位のものから、より真摯なかたちに変わるでしょう。政治家となった女性たちは、女性の社会進出をもっと促そうと、最善を尽くしてくれるでしょう。そういった女性たちをロールモデルとして、多くの女性が活躍の機会を積極的につかもうとするでしょう。


続いて、ではどうすれば政治に参入していけるかをアドバイスをしてみたいのですが、フィンランド人の私には、日本にふさわしいものを提供できるかどうかがわかりません。そこでここでは、フィンランドの初めての普通選挙の際、女性活動家たちがどのように政界への切符を手に入れたかをお伝えしようと思います。

そのひとつが、多くの女性の心をとらえる公約を掲げたことです。

候補者のひとりだったヘドウィック・ゲブハルドが出した選挙広告を思い出しましょう（詳細は第2章参照）。

「・国教会を支持すること
・良識の促進
・禁酒の確立
・女性の地位を向上させること」

なかでも女性の心をひきつけたのが、「禁酒の確立」でした。

それまでも禁酒運動は、女性の権利運動の大きな推進力になっていました。気温が低いフィンランドでは、今も昔もアルコール度数の高いお酒が好まれる傾向にあります。当時はアルコールの販売規制もありませんでしたから、夫の飲酒癖に悩む妻が多くいました。だからこそ、国会の討論の場に禁酒問題を持ち出せるということに多くの女性たちが賛同を示したのです。

もうひとつは、女性同士のネットワークを積極的に広げていったことでした。

やはり候補者だったルキナ・ハグマンは、当時フィンランドで最も有名だった女性活動家ミンナ・カントと、女性教育の推進という点で共感し、交流していました。ミンナはこの選挙の時にはすでに他界していましたが、生前はハグマンの活動を熱心に支援し、自らスポークスパーソンの役割を買って出ていました。

同様のつながりは、この時期の女性活動家の間に広がっていたのです。日本の女性も、小さなことでいいので、「こんなこと、おかしいよね」といった部分から連携をしていったらどうでしょうか。それが他の女性の共感を呼べば、大きな活動になっていくはずです。

たとえば「#ＫｕＴｏｏ」運動は、「パンプスを履いて、仕事はつらい」という一人の女性のＳＮＳ投稿から始まり、同じ悩みを持っていた女性の共感を呼んで、大きなムーブメントになりました。

ただ残念なことに、当時の厚生労働大臣は男性であり、パンプス着用の義務づけは「社会通念に照らして業務上必要かつ相当な範囲」と述べ、強制禁止の法制化には至りませんでした。女性の副大臣が「強制されるものではない」とした見解とは、相違を見せたままになってしまいました。

「すべて国民は、法の下に平等であって、人種、信条、性別、社会的身分又は門地により、政治的、経済的又は社会的関係において、差別されない」

日本の憲法第14条には、このように書かれています。

男女の平等は、社会のあらゆる場で実現しなくてはなりません。その実現が最優先されるべきであるのは、憲法で保障されているからだけでなく、それが現代の民主主義が機能するために不可欠だからです。

最後にもうひとこと

ジェンダーは平等であるべきなのに、私たちは21世紀になっても、100年前、200年前と変わらない問題で苦しんでいます。こうした状況はやる気をそぎ、思考を麻痺させます。

男女は平等であるという考え方は、本来ならすべての人の心にあって、暮らしに自然に根づいているはずのものです。しかし今の私たちは不平等を許し、ジェンダー間の格差を受け入れてしまっています。

なぜでしょうか?

おそらく問題には気づいているものの、「もっと深刻な問題がある」「先が見えないし、やれそうもない」と思っているからでしょう。

しかし、もう一度考えてみてください。

ジェンダー平等社会へと変わるのは、決して難しくはありません。みなさんが思う

「もっと深刻な問題」に取り組みながらも、女性のエンパワーメントはちゃんと進められます。

今は希望がないように見えますが、実際にはそうではありません。必要なのはひとつだけ。変えようという意志です。すべての人の意志がそうなればいいのです。

いろいろな年齢の人、いろいろな立場の人が同時に態度や考え方を変えていけば、できないことはありません。そうすれば、さまざまな年齢層で、さまざまな立場で、社会のしくみが変わっていくに違いありません。

家庭が、地域が、保育園が、学校が、企業が、そして政治の世界が、変わっていくでしょう。

すべては、私たちの意志にかかっています。

もちろん長い道のりにはなるでしょうか、不可能ではありません。なすべきことはたくさんありますが、決して諦めないでください。

夢見るのはやめて、すぐにとりかかりましょう。
あなたのために、家族のために、社会のために。
すべての世界のハピネスとウェルビーイングのために。

謝辞

この本は、私の大切な友人であり協力者でもある迫村裕子さんのおかげでかたちになりました。彼女はいつも優しく私を励ましてくれ、この本を創りあげていく過程で彼女とは多くの楽しみをわかち合いました。翻訳を担当してくださった岩井さやかさん、編集者兼構成ライターの松下喜代子さん、すばらしい装丁をほどこしてくれたアルビレオさん、本文レイアウトをご担当くださった梅田綾子さん、トーベ・ヤンソンに関する箇所の校閲をおこなってくださった川﨑亜利沙さん、そして帯に推薦の言葉を寄せてくださった坂東眞理子さんにも、感謝の気持ちでいっぱいです。国書刊行会の永島成郎さんには、多大なるサポートやフレキシブルな対応をしてくださったこと、そして何よりこの本の重要性について信じてくださったことを感謝いたします。

そして最後に、最大の感謝を私の大事な家族に捧げたいと思います。

愛する夫エリック と息子エミル、そして最愛の娘エステル、私の愛犬のハニーとアンディ、ほんとうにありがとう!

２０２４年12月　東京にて

アンナ＝マリア・ウィルヤネン

参考文献

執筆にあたっては多くの書籍・雑誌やウェブサイトを参照しましたが、主なものを記します。

［書籍・雑誌］

Gates, Melinda (2019). *The Moment of Lift — How Empowering Women Changes the World.* Flatiron Books.

Konttinen, Riitta (2003). *Boheemielämä: Venny Soldan-Brofeldtin taiteilijantie.* Kustannusosakeyhtiö Otava. Helsinki.

Konttinen, Riitta (2004). *Oma Tie — Helene Schjerfbeckin elämä.* Kustannusosakeyhtiö Otava. Helsinki.

Woirhye, Helena (2002). *Maire Gullichsen: taiteen juoksutyttö.* Taideteollisuusmuseo. Helsinki.

Tanttu, Juha (2012). *Armi Ratian maailmassa.* Kustannusosakeyhtiö Tammi. Helsinki.

Karjalainen, Tuula (2013). *Tove Jansson: Tee työtä ja rakasta.* Kustannusosakeyhtiö Tammi. Helsinki.

Time Magazine, March 1/ 8, 2021, 60.

［ウェブサイト］（　）内は最終閲覧日

Kela https://www.kela.fi/web/en/maternity-grant-history（2021/5/16）

Demo Finland https://demofinland.org/wp-content/uploads/2014/05/womans_role_in_finnish_democracy_2014_netti.pdf（2021/5/16）

Parliament of Finland https://www.eduskunta.fi/EN/naineduskuntatoimii/kirjasto/aineistot/yhteiskunta/womens-suffrage-110-years/Pages/historical-background.aspx（2021/5/13）

Education and Behavior https://educationandbehavior.com/importance-of-positive-role-models-for-children/（2021/5/11）

Journal of Neurosurgery https://thejns.org/focus/view/journals/neurosurg-focus/49/5/article-pE4.xml（2021/5/12）

Kela https://tutkimusblogi.kela.fi/arkisto/4173（2021/5/16）

Vocabulary Bowl https://www.vocabulary.com/dictionary/happiness（2021/5/17）

University of Jyväskylä https://www.jyu.fi/tdk/museo/naisoppilaat_en/lucinahagman_en.htm（2021/5/14）

Kirjilia Minna Canth https://minnacanth.kuopionkulttuurihistoriallinenmuseo.fi/canth/salonki.html（2021/5/17）

Minna Canthin seura https://minnacanthinseurassa.org/tietoa-minna-canthista/（2021/5/17）

Ainola https://www.ainola.fi/aino-sibeliuksen-elamanvaiheet（2021/5/17）

ÖNNINGEBY KONSTNÄRSKOLONI: OCH DE MÅNGFACETTERADE SOCIALA NÄTVERKENS INTERAKTION https://helda.helsinki.fi/bitstream/handle/10138/42844/Wiljanen_ebook_3.3.2014.pdf?sequence=1&isAllowed=y（2021/5/14）

The Free Dictionary by Farlex https://medical-dictionary.thefreedictionary.com/Stendhal+syndrome（2021/5/14）

Wikipedia https://en.wikipedia.org/wiki/2000_New_York_City_Marathon（2021/5/11）

DrAmyClimer https://climerconsulting.com/experiences-shape-lives/（2021/5/10）

p. 117 シベリウス夫妻
Photo: The Finnish Heritage Agency. Dahlgren Bertel, 1955. CC BY 4.0
p. 120 アクセリ・ガッレン=カッレラ《シンポジウム》1894年（グスタ・セルラキウス芸術財団蔵）
Nineteenth-Century Art Worldwide https://www.19thc-artworldwide.org/autumn14/coleman-on-sibelius-gallen-kallela-and-the-symposium
p. 124 トゥースラ・コミュニティで友人たちとくつろぐシベリウス一家
Photo: Tuusula Museum / Suviranta Famil Album
At the Sources of Finnish Culture Lake Tuusula Artist Community https://www.visittuusulanjarvi.fi/wp-content/uploads/2020/09/12135-At_the_Sources_of_Finnish_Culture.pdf
p. 124 アイノラ邸のダイニングルームにて
Photo: Tuusula Museum / Suviranta Family Album
At the Sources of Finnish Culture Lake Tuusula Artist Community https://www.visittuusulanjarvi.fi/wp-content/uploads/2020/09/12135-At_the_Sources_of_Finnish_Culture.pdf
p. 126 温室のアイノ・シベリウス
Riitta Konttinen Aino Sibelius (Siltala, 2019)より転載
p. 128 マイレ・グリクセン（1907–90）
Photo: Historical Photo Collection. Studio Kuvasiskot Collection, 1982. Finnish Heritage Agency.
p. 133 創業当時のアルテック
©Artek Collection / Alvar Aalto Museum
p. 134 ヴィラ・マイレア
Photo: Ninara, 2016
Flickr https://www.flickr.com/photos/ninara/26710745140/
p. 138 アルミ・ラティア（1912–79）
Photo: Markku Lepola. JOKA Journalistic Photo collection. Markku Lepola Collection, 1970. Finnish Heritage Agency.
p. 142「ウニッコ」（プリント・デザイン：マイヤ・イソラ）
Courtesy of Marimekko
p. 149 ウニッコ柄のワンピース（プリント・デザイン：マイヤ・イソラ）
Courtesy of Marimekko
p. 151 トーベ・ヤンソン（1914–2001）
©Eva Konikoff
p. 157『ガルム』1938年10月号表紙
©Tove Jansson Estate
p. 158 トーベ・ヤンソン《スモーキング・ガール（自画像）》1940年
©Tove Jansson Estate
p. 160《ムーミンたちとの自画像》1952年
ムーミンキャラクターズコレクション © Moomin Characters™

Chapter Ⅳ
p. 176 母と私
著者提供
p. 181 祖母と私
著者提供
p. 221 在りし日の父と私
著者提供

Chapter Ⅴ
p. 237 ウィルヤネン家の家事分担
著者提供

カバー表4袖
著者近影
著者提供（撮影：大崎晶子）

図版一覧

Chapter Ⅰ

p. 41 女性閣僚が多数を占めたサンナ・マリン内閣
© Laura Kotila/Valtioneuvoston kanslia
Flickr https://www.flickr.com/photos/finnishgovernment/49199007427/

p. 44 『トレンディ』誌に載ったサンナ・マリン首相
CNN https://edition.cnn.com/style/article/sanna-marin-finland-pm-trendi-photoshoot-intl-scli/index.html

Chapter Ⅱ

p. 53 アクセリ・ガッレン=カッレラ《アイノの神話》1891年（フィンランド国立アテネウム美術館蔵）
WikiArt.org — Visual Art Encyclopedia https://www.wikiart.org/en/akseli-gallen-kallela/aino-myth-triptych-1891

p. 53 『カレワラ』初版本
National Library of Finland https://digi.kansalliskirjasto.fi/teos/binding/1906616?page=3

p. 55 エーロ・ヤルネフェルト《ピエリスヤルヴィ湖畔の秋景色》1899年（フィンランド国立アテネウム美術館蔵）
Wikimedia Commons https://commons.wikimedia.org/wiki/File:Eero_J%C3%A4rnefelt_-_Autumn_Landscape_of_Lake_Pielisj%C3%A4rvi_-_Google_Art_Project.jpg

p. 55 1900年パリ万博フィンランド館
Wikimedia Commons https://commons.wikimedia.org/wiki/File:Finnish_Pavilion_at_Paris_1900.jpg

p. 59 小麦の収穫
Photo: Pielinen Museum

p. 64 ミンナ・カント（1844–97）
Photo: Nyblin Carl Petter Daniel Dyrendahl (1880-1890). Keski-Suomen Museo. Finnish Heritage Agency.

p. 69 ルキナ・ハグマン（1853–1946）
Finna.fi https://www.finna.fi/Record/musketti.M012:HK19181201:169

p. 69 ミーナ・シッランパー（1866–1952）
Finna.fi https://www.finna.fi/Record/museovirasto.F0CACF78F6DB304F2FDC6CC639D73016?sid=4490420400

Chapter Ⅲ

p. 91 ミンナ・カント（1844–97）
Photo: Nyblin Carl Petter Daniel Dyrendahl (1880-1890). Keski-Suomen Museo. Finnish Heritage Agency.

p. 96 「ミンナのサロン」に集う人びと
Wikimedia Commons https://commons.wikimedia.org/wiki/File:Minnan_salonki_skruuvipoyta.jpg?uselang=fi

p. 97 『労働者の妻』（1885年）
National Library of Finland https://digi.kansalliskirjasto.fi/teos/binding/1907999?page=5

p. 100 ヘレン・シャルフベック（1862−1946）
Photo: Charles Riis & C:o, 1881-1882.
Historical Photo Collection. Finnish Heritage Agency.

p. 104 ヘレン・シャルフベック《雪の中の負傷兵》1880年（フィンランド国立アテネウム美術館蔵）
Wikimedia Commons https://commons.wikimedia.org/wiki/File:Haavoittunut_soturi_hangella_by_Helena_Schjerfbeck_1880.jpg

p. 109 ヘレン・シャルフベック《快復期》1888年（フィンランド国立アテネウム美術館蔵）
Wikimedia Commons https://commons.wikimedia.org/wiki/File:Helene_Schjerfbeck_-_The_Convalescent.jpg

p. 115 ヘレン・シャルフベック《自画像》1884–85年（フィンランド国立アテネウム美術館蔵）
『ヘレン・シャルフベック　魂のまなざし』展図録（求龍堂、2015年）より転載

p. 115 ヘレン・シャルフベック《自画像》1945年（ユレンベリ美術館蔵）
Helene Schjerfbeck 150 Years (Ateneum Art Museum / The Finnish National Gallery, 2012) より転載

著訳者略歴

【著　者】

アンナ＝マリア・ウィルヤネン（Anna-Maria Wiljanen）

元フィンランドセンター（日本）所長。2014年にヘルシンキ大学で博士号を取得。経済学の修士号も併せ持つ。研究分野は、女性のエンパワーメント、女性アーティスト、ネットワーキング、19世紀ヨーロッパの芸術家村。グローバル企業で働いたのち、フィンランド国立美術館のコミュニケーション・マネジャーおよび開発ディレクター、UPMキュンメネ文化財団の事務局長を経て、2018年より2024年まで、フィンランドセンター（日本）所長。現在、在日フィンランド商工会議所の理事、ディドリクセン美術館（フィンランド）理事長も務める。本書が初の著書となる。

【監訳者】

迫村裕子（さこむら ひろこ）

文化プロデューサー、S2株式会社代表。国際的な美術展や文化プロジェクトに携わる。主にフィンランドを始めとした北欧に特化。『ノニーン！　フィンランド人はどうして幸せなの？』などの著作を始め、絵本や翻訳書も手がける。

【訳　者】

岩井さやか（いわい さやか）

大学を卒業後、NHKに記者として入局。その後、アングラ劇団の舞台役者を経て、現在、フリーの通訳者、翻訳者。アート、芸術、文学分野の通訳を得意とする。フィンランドセンターのイベントの通訳も多く担当している。

フィンランド流《りゅう》〈ポジティブ変換《へんかん》〉のすすめ
女性《じょせい》のエンパワーメントのために

2025年3月10日　初版第1刷印刷
2025年3月20日　初版第1刷発行

著　者　アンナ＝マリア・ウィルヤネン
監訳者　迫村裕子
訳　者　岩井さやか

発行者　佐藤丈夫
発行所　株式会社国書刊行会
〒174-0056　東京都板橋区志村1-13-15
電話　03-5970-7421　ファクシミリ　03-5970-7427
https://www.kokusho.co.jp　E-mail: info@kokusho.co.jp

印　刷　モリモト印刷株式会社
製　本　株式会社村上製本所
装　丁　アルビレオ
本文レイアウト　梅田綾子
編　集　松下喜代子

ISBN 978-4-336-07746-2　C0030